고래들의 싸움터인 주식 시장에서 개미들이 살아남는 방법

주식은 장기 투자가 정답이다

박옥수 지음

북랩 book Lab

시작하며

　이 책은 재테크 서적이 아니다. 다시 말해 누구나 이렇게 하면 돈을 번다고 떠벌리기 위해 내가 이 책을 쓴 것은 아니다. 이 책은 2015년 11월부터 1년간 셀트리온이라는 종목의 주가를 지켜보면서 주식과 주식 투자에 대해서 느낀 점을 기록한 책이다. 제목을 보면 투자에 관한 내용일 것 같지만 사실은 내 인생철학과 가치관을 담고 있다. 또 제목에 장기 투자란 말이 들어가 있지만 내가 장기 투자를 했다는 의미는 아니다. 2년이라는 보유 기간은 너무나 짧기에…. 그 대신 이 책에 기술된 마음가짐과 태도로 앞으로 장기 투자를 하겠다는 다짐을 담았다. 많은 투자 전문가들과 마찬가지로 나도 장기 투자가 진정한 투자이며 단기 투자는 투자가 아닌 투기라고 생각한다.

　이 책은 주식으로 돈을 벌려는 사람의 마음 자세에 관하여 내 나름대로 일기 형식으로 기록한 책이다. 난생처음 주식에 투자한 주식 초보자가 주식을 보유하는 동안 주가의 변동을 지켜보면서 느끼고 생각한 것들을 기록한, 생생한 투자 경험담인 셈이다. 나는 처음부터 다른 사람에게 의존하려는 생각은 하지 않았다. 직접 자료를 찾아보고 스스로 판단해서 투자할 종목을 결정하였다. 이 책의 내용은 처음부터 끝까지 내가 생각하는 올바른 투자자의 가치관과 태도에 관한 것이다. 나처럼 다른 사람에게 의존하려는 생각을 버리고 스스로 하겠다는 마음가짐을 갖추는 것이 투자의 첫걸음이라고 나는 생각한다. 다른 사람에게 의존하다 보면 스스로 하는 게 하나도 없게 되기 때문이다.

내가 주식 투자를 시작한 이후 일기를 쓰려고 마음먹은 것은 내가 읽은 서적에 그렇게 하라고 나와 있었기 때문이다. 장기 투자를 하고 있더라도 주가의 흐름을 틈틈이 살피고 자신의 선택이 옳았는지를 재검토하는 것이 투자를 계속하는 데 중요하다고 한다. 그런데 그 일기를 책으로 내기로 결심한 것은 주식 투자에 대한 사람들의 생각을 돌려놓고 싶었기 때문이다. 주식과 관련해서 많은 사람들이 떠올리는 것은 쳐다보지도 말아야 할 것 또는 일확천금, 대박 등인 듯하다. 이들 모두 사람들이 주식을 투기의 대상으로 본다는 방증이다. 나는 사람들이 그런 생각을 바꾸기를 바란다. 굳이 자본주의 체제의 발전이 아니더라도 자신과 가족을 위하여 주식 투자는 반드시 해야 한다. 직장에서 받는 월급만으로는 노후 대비가 힘들어졌기 때문이다.

주식 초보자인 내가 기록한 투자 일기를 책으로 내기로 마음먹은 진정한 이유는 따로 있다. 첫째는 내 생각이 옳다는 것을 증명하기 위해서이다. 도전 정신과 패기를 무기 삼아 정도 경영을 실천하는 회사가 대성한다는 내 믿음이 옳다는 것을 사람들에게 증명하고 싶었다. 그래서 일기 쓰기를 마친 후에 책으로 출간하기까지 일정 시간이 필요했다. 둘째는 사람들에게 투자 기회를 잡게 하고 싶었기 때문이다. 셀트리온 주가가 너무 오른 다음에 책을 출간하게 되면 투자 성공담으로 끝나고 말 것이다. 하지만 다행히도(!) 셀트리온 주가가 기대만큼 많이 오르지 않았기 때문에 지금도 늦지 않았다는 것을 알려 주고 싶었다.

많은 사람들이 단기 투자를 하고 있다. 그 이유는 단기에 수익을 내려는 조급한 마음 때문인데 그것은 탐욕의 다른 말이다. 대부분의 사람들은 로또 당첨을 꿈꾸고서 주식 시장에 들어온다. 로또 당첨이 나쁘다는 것이 아니라 로또 당첨은 사실상 불가능에 가깝다는 사실을 말하는 것이다. 사실 주식으로 단기에 수익을 내는 것도 불가능에 가깝다. 잘만 하면 얼마든지 단기에 수익을 낼 수 있다고 호언장담할지도 모른다. 그러나 주식 시장에서는 잘하고 못하고가 없다. 예를 들어 매매 타이밍을 동물적 감각으로 포착해 내는 것은 우연의 산물이지 기술의 산물이 아니다. 개인 투자자에게 승산이 있는 것은 장기 투자이다. 장기 투자는 매매 타이밍이라는 것이 따로 없다. 그렇기에 나는 장기 투자를 고집한다.

그렇다고 무조건 장기 투자만 하면 수익을 내는 것은 아니다. 종목을 아주아주 잘 골라야만 한다. 제약주와 바이오주가 요즘 뜨고 있지만, 기술을 수출하는 회사에 투자할 때는 조심해야 한다. 제약 기술을 수출한 회사의 가치는 부풀려지게 마련인데 이는 기대감이 대폭 반영됐기 때문이다. 제약 기술 수출 계약은 각 단계별로 성공했을 경우 성공 보수가 들어오는 마일스톤 형식을 취하는 경우가 많다. 따라서 기업의 가치를 평가할 때 필연적으로 확률이 개입하게 되는데 이 확률을 맹신하는 것이 얼마나 위험한 건지 사람들은 잘 모른다. 사람들은 확실한 것을 좋아한다(확률 0 또는 1). 확률의 속성은 불확실함, 즉 믿을 수 없음인데 이것을 숫자로 표기하기 때문에 사람들은 그것을 쉽게 믿어 버린다. 예를 들어, 0.99라는 확률은 0보다 1에 대단히 가깝지만 절대로 1은 아니다. 얼마든지 나중에 0이 되어 우리 앞에 나타날 수도 있다. 그래서 이런 기업에 투자할 때는 주의해야 한다.

이런 기업에 투자할 때 조심해야 하는 이유가 더 있다. 그것은 책임감 결여와 부도덕성의 가능성이다. 쉬운 말로 표현하면 이른바 '먹고 튀어' 정신이다. 일단 제약 기술 수출 공시만 하면 기대감으로 단시간 내에 주가는 천정부지로 치솟는 경우가 많다. 당연히 대주주들은 앉아서 떼돈을 벌게 된다. 이 기대감에는 앞에서 얘기한 확률(다른 말로 거품)이 포함돼 있기 때문에 실망이 동반되는 경우가 대단히 많다. 거품이 꺼지면 누가 손해를 볼까? 대주주들은 손해를 볼 일이 없다. 게다가 힘없는 소액 투자자들이 입은 손해에는 아무도 관심이 없다. 또 기술 수출만을 목표로 하는 회사와 제품 개발을 목표로 하는 회사의 임직원들은 서로 태도가 많이 다르다는 점에 주목해야 한다. 어느 회사의 임직원들이 더 책임감 있게 일을 할까?

'진인사대천명'이라는 말이 있다. 투자자가 스스로 좋은 종목을 고르고 나서는 딱히 할 일은 없다. 그냥 기다리기만 하면 된다. 나머지는 하늘이 알아서 한다. 분명한 것은 정의는 아직 살아 있다는 것이다. 최후에는 정도 경영을 하는 기업이 성공할 것이고 그런 기업에 투자한 사람이 큰 수익을 얻게 된다고 나는 믿는다. 그러므로 투자자에게 필요한 것은 정도 경영을 하는 회사를 알아보는 눈이다. 정도 경영을 하는 회사가 많지 않기에 더더욱 정도 경영을 하는 회사는 빛을 발하게 돼 있다. 그런 회사는 투자자에게 반드시 큰 수익으로 보답한다.

주식 투자로 인한 수익은 하늘에서 떨어진 것도 아니고 내가 다른 사람한테서 갈취한 것도 아니다. 내가 투자한 기업의 임직원이 열심히 일해서 기업 가치를 늘렸기 때문에 그 늘어난 가치 중에서 내가 투자한 지분만큼 돌아오는 몫이다. 이것은 불로소득이지만 투기가 아니라 정당한 투자로 인해 발생한 것이므로 건전한 소득이다. 그리고 주식 투자로 발생한 수익은 공돈이라고 말할 수 없다. 길을 가다가 주운 돈, 복권에 당첨돼 받은 돈과는 성격이 다르다. 엄연히 투자자가 노력해서 벌어들인 돈이기 때문이다. 좋은 기업을 발견해서 그 회사에 자신의 재산을 맡기는 일은 투자자의 노력과 확신 없이는 불가능한 일이다. 그러므로 무조건적으로 주식 투자를 도박처럼 나쁜 행위로 여겨서는 안 된다.

주식 투자와 구별해야 할 것 중에 주식 투기가 있다. 전자는 건전한 활동인 반면 후자는 불건전한 활동이다. 안타깝게도 주식 투기를 하는 사람들이 매우 많다. 그래서 주식 거래 행위를 안 좋게 보는 사람들이 많으며, 수십 년간 나도 그런 사람이었다. 그러나 주식 투자에 관한 명저를 읽고 생각이 바뀌었다. 주식 투자의 대가들은 주식 투자가 그저 필요에 따라 어떤 회사의 주식을 샀다가 파는 것이 아니라 회사의 지분을 사는 것이라고 말한다. 대주주가 아니더라도 자신이 회사의 주인인 것처럼 생각하고 투자를 시작해야 한다는 말이다. 더 쉽게 말해서 주식 투자자는 자신이 투자한 회사의 경영자와 동업자 관계라고 생각해야 한다는 것이다. 그래야 회사를 믿고 오랫동안 투자자로 남을 수 있기 때문이다.

건전한 주식 투자 활동은 자본주의 체제를 공고히 하는 데도 기여하지만 좋은 일자리를 만들어 내기도 한다. 좋은 일자리가 만들어지기 위해서는 좋은 기업이 자꾸 만들어져야 한다. 좋은 기업이란 열심히 일해서 주주들에게 보답하는 회사다. 회사의 경영진이 본연의 업무에는 관심이 없고 각종 편법을 동원해서 투자자들의 돈을 갈취하는 데만 혈안이 되어 있다면 그 회사는 좋은 회사가 아니다. 본연의 업무를 충실히 하는 회사가 많지 않은 것과 주식 시장이 투기판으로 전락한 것은 깊은 관련이 있다.

주식 투자는 믿음의 사업, 마음의 사업이라고 말하는 사람도 있다. 그들은 주식 투자가 마음속으로 농사를 짓는 것과 비슷하다고 한다. 농사를 지으려면 농작물에 열심히 거름도 주고 잘 돌봐야 한다. 주식 투자는 회사의 임직원을 믿음으로써 자신의 목적을 달성하는 사업이다. 따라서 임직원을 믿는 만큼 자신의 수익도 커지게 된다. 믿을 수 없는 사람과는 동업하지 못한다는 것을 떠올리면 당연한 얘기이다. 이처럼 주식 투자는 한없이 쉬운 듯하면서 한

없이 어려운 일이기도 하다.

주식 투자는 위험성을 내포한다. 이 위험성은 개인들이 장기 투자를 해야 하는 이유로 작용한다. 주식은 안전한 자산이 아니다. 주가는 기업 가치를 반영하지만, 주가에 영향을 미치는 변수는 무수히 많다. 따라서 주가는 끊임없이 오르내린다. 이를 견뎌 내지 못하면 장기 투자를 할 수 없다. 장기 투자의 과정은 인내와 끈기의 연속이다. 그리고 주식 시장은 제로섬 게임장이다. 누구나 주식으로 돈을 벌 수는 없으며 정보력과 자금력을 갖춘 기관 투자가에 절대적으로 유리하다. 반대로 그렇지 못한 개인에게는 절대적으로 불리한 곳이다. 하지만 좋은 종목을 골라서 마음이 흔들려 중간에 매도하지 않고 장기 투자를 한다면 개인들에도 충분히 승산이 있다.

장기 투자를 하려면 인내와 끈기가 있어야 한다. 어떤 사람은 주식을 매수한 후 그 사실을 망각하는 것이 가장 좋다고도 한다. 이런 이유로 모든 사람에게 주식 투자가 적합하지는 않다. 개인 투자자들이 특정 종목을 많이 사는 날은 그 종목의 주가가 떨어진다고 하는데 이것은 사실이다. 따라서 개인 투자자들에게 단기 손실은 피할 수 없는 숙명과도 같은 것이다. 주가를 움직이는 것은 막대한 자금을 운용하는 기관 투자가라는 것을 명심해야 한다. 세상에 공짜는 없다고 했다. 아무런 고통 없이 달콤한 열매가 나에게 거저 주어지는 일은 절대 없다. 장기 투자를 할 배짱과 인내심이 없는 사람은 주식 투자를 아예 하지 않는 것이 좋다. 단기 손실을 너그러이 수용할 용기와 배짱과 강한 자기 확신이 있는 사람만 주식 시장에 발을 들여야 한다.

　이 책은 주식 초보자의 어쭙잖은 생각을 두서없이 적은 글들로 가득하다. 너무 내 개인적인 생각만을 적어 놓았다는 생각도 든다. 이 책을 끝까지 읽어 봐도 주식 투자 기술에 관한 내용은 전혀 없으며 탐욕을 버리라는 말밖에 없다. 그래서 실망을 할 독자들이 대부분일 거로 생각한다. 그렇지만 성공적인 주식 투자를 하기 위한 올바른 마음가짐에 대한 내 생각을 정리해서 소수의 독자에게라도 그것을 전하고 싶었다. 나와 같은 생각을 하는 사람이 주식 투자를 한다면 적어도 손실을 보는 일은 없을 것이라고 믿는다. 물론 장기적 관점에서 그렇다는 것이다. 올바른 투자자가 올바른 길을 걷는 회사에 투자할 때 그 투자는 분명 대성공을 거둘 것이다. 이것 외에 주식 투자 성공을 위한 특별한 기술은 없다고 생각한다. 주식 투자를 하는 모든 분들이 건전한 투자를 함으로써 크게 성공하기를 진심으로 기원한다. 마지막으로 이 하찮은 원고를 멋진 책으로 만들어 주신 (주)북랩의 손형국 대표님을 비롯하여 편집과 디자인, 제작을 해주신 모든 분들께 감사드린다.

2017년 8월

박옥수

차례

1

2015년
11월~12월

2015. 11.

 2015.11.3.

지난달에 아무 생각 없이 주식판에 뛰어들었다. 은행에 넣어 두는 것보다는 낫겠지 하는 막연한 희망으로 주식을 매수했다. 내가 매수한 종목은 한국 최고의 우량주이다. 하지만 주가가 매일같이 변하는 것은 다른 주식과 매한가지였다. 내가 그 주식을 매수할 때는 상승기였다. 사고 나서도 주가가 올라 당연히 기분이 좋았다. 그 주식은 회사에서 대규모로 자사주를 매입하겠다는 발표를 하면서 전고점을 돌파하고 대세 상승할 거라는 전망도 나왔다. 그런데 얼마 안 있어 주가는 하락세로 돌변했다. 주가가 하락기에 접어들면서 나는 그 전에 느껴 보지 못한 공포와 마주하게 되었다. 단기 투자를 할 생각이었던 것은 아니지만 주가 하락은 내가 감당할 수 없는 공포감을 안겨 주었다. 그 공포감을 느낀 후 주식을 분할하여 매도하게 되었다. 이 경험으로 주식 투자는 위험한 행위라는 생각이 며칠간 머리를 떠나지 않았다. 주가가 심하게 변동하는 상황에서 평정심을 잃지 않는 것은 불가능하다는 생각이 맴돌았다.

그러나 어디선가 개인이 주식으로 돈을 버는 방법은 장기 투자밖에 없다는 글을 보았는데, 그게 맞는 말이라는 생각이 든다. 그래서 장기 투자할 종목을 고르고 있다. 지금 가진 주식을 조금씩 팔면서 장기 투자할 종목을 사 모을 생각이다. 내가 주식에 처음으로 관심을 돌렸을 때 H 약품 주식이 폭등했다는 뉴스를 접했는데, 그것이 아직까지 뇌리에 강하게 남아 있다. 그래서 제약 종목이 좋을 것 같다는 생각이 든다. 물론 주가가 폭등하는 주식은 많고도 많지만 특별한 이유 없이 폭등하는 경우가 다반사이다. 기업 가치가 증가하지 않고서 주가가 폭등하는 주식은 다시 폭락한다고 하니 조심해야겠다.

 **2015.11.5.**

주식 투자를 하려면 먼저 목표를 정해야 한다고 한다. 이는 보유 기간과 목표 주가를 말한다. 그리고 한번 매도한 주식에 대해서는 미련을 버려야 한다. 그다음으로 마음을 비워야 한다. 이는 자기 고집을 꺾어야 하고 돈 욕심을 버리는 것을 말한다. 그다음으로 다른 사람의 말을 믿지 말아야 한다. 그리고 소정의 수업료는 반드시 낼 각오를 해야 한다. 수업료를 지나치게 아끼려다가는 나중에 값비싼 대가를 치르게 될 수도 있다. 그리고 수업료를 치렀으면 반드시 뭔가 배워야 한다. 사람들이 전 재산을 모두 잃는 것은 순전히 과다한 욕심 때문이다. 나는 내 투자금 전체를 수업료로 낼 생각이 전혀 없다.

사실 주식 투자로 전 재산을 탕진하는 사람들이 비일비재하기 때문에, 일반인들이 주식 투자가 대단히 위험하다고 생각하는 것이다. 욕심을 버리지 못하면 주식에 투자한 금액 대부분을 날릴 수 있다. 나는 직장을 퇴직하면서 받은 퇴직금 전액을 한 종목에 장기 투자할 생각이다. 만에 하나 이 돈을 모두 날린다면 당연히 심리적 타격이 클 것이다. 투자하는 동안 나는 욕심을 버리려고 노력할 것이며 내 투자금 전부를 잃는 일은 없도록 할 것이다. 손실을 보지 않기 위해서는 기업의 가치를 항상 예의 주시해야 한다. 주가만 멍하니 쳐다보고 있으면 정작 중요한 것을 못 보고 지나치게 되는 경우가 발생한다. 지속적으로 기업 가치가 떨어질 것으로 예측되면 나는 미련 없이 그 주식을 매도할 것이다.

2015.11.6.

올해 주가가 몇 차례에 걸쳐 수직 상승한 H 약품은 대규모 기술 수출을 하기 전까지만 해도 그리 유명하지는 않은 제약사였다. 그러다가 총 7조 원에 이르는 기술 수출 후 성장에 대한 기대감으로 코스피 상장 제약사 중 시가 총액 1위 기업이 되었다. 그런데 이 회사보다 시가 총액이 더 큰 제약사가 코스닥에 등록돼 있다고 한다. 그 회사는 바로 '셀트리온'이다.

나는 일찍이 이 회사 이름을 들어 본 적이 없다. 이 회사의 시가 총액은 내가 알고 있는 대형 제약사보다 몇 배는 많다. 좀처럼 믿기지 않지만 사실이다. 이로써 나는 내가 알고 있는 것이 항상 옳거나 더더욱 절대적이지 않다는 것을 다시 한 번 깨달았다. 아마도 셀트리온이 소매 의약품을 제조하지 않고 광고를 하지 않기 때문에 그런 것 같다. 그리고 역사가 짧은 벤처기업이기에 일반인에게 잘 알려지지 않은 듯하다. 오히려 이런 기업이 장기 투자 종목으로 적합하다고 생각한다. 그리고 일반 의약품이 아닌 전문의약품을 만들므로 수익성도 뛰어날 것이다.

2015.11.8.

H 약품이 기술 수출을 함에 따라 언론에서는 한국 제약사의 역량에 대해서 보도하기 시작했다. 세계적인 제약사는 우리나라에 아직까지 없지만 H 약품이 그 가능성을 일반인에게 처음으로 알린 것이다. H 약품 외에도 뛰어난 제약 기술을 보유한 회사가 있는 것으로 보도되었다. 당연히 셀트리온도 그중의 하나이다. 셀트리온은 이미 시가 총액 기준으로 한국 제일의 제약사이며 코스닥 1위 기업이다. 그런데 이 회사는 제약 기술을 수출하지 않고 약품 개발까지 직접 하고 있다. 이런 기업을 운영하려면 많은 투자가 필요하지만, 투자금을 회수한다는 보장이 없다는 위험이 있다. 제품 개발에 성공해 현금이 들어오더라도 많은 시간이 걸린다. 따라서

투자 위험이 수반되는 것이 사실이다.

보통의 사람들은 H 약품처럼 기술 수출 가능성이 큰 제약사를 찾아내는 데 관심이 있을 것이다. 그런 제약사를 찾아내면 단기간에 큰 수익을 낼 가능성은 있다. 그러나 나는 기술 수출에 집중하는 회사보다는 직접 제품 개발을 하는 회사가 좋다. 셀트리온 같은 제약사 말이다. 하지만 아직 확실히 결정하진 않았다. 코스피가 아니라 코스닥 등록 기업이라는 것이 마음에 걸린다.

2015.11.10.

셀트리온에 대한 정보를 얻기 위해 여기저기 알아보았다. 포털 사이트 주식 게시판에도 들어가 보고 회사 홈페이지에도 접속해 보았다. 이 회사 관련 주식 게시판에 올려진 글 중에는 오랫동안 투자해 온 사람들이 올린 것이 많았다. 제약사에서 개발 중인 약품을 파이프라인이라고 표현하는데, 그게 아주 많았다. 더 중요한 것은 그것들이 어마어마한 매출을 올리고 있는 세계적인 약품과 당당히 경쟁할 것들이라는 것이다. 비록 현재는 매출을 일으키는 약품이 한 가지이지만 나머지 후보 약품들도 잘만 하면 회사 매출에 크게 기여하게 될 것이다. 점점 이 회사에 대한 느낌이 좋아진다.

이 회사의 주력 상품은 램시마인데, 유럽 등 전 세계 거의 모든 나라에서 판매되고 있다고 한다. 당연히 이 회사는 내수 비중보다는 수출 비중이 훨씬 크다. 성장 가능성이 무한하다고 볼 수 있다. 시가 총액이 이미 10조 원에 육박하고 있지만, 아직 본격적인 성장은 시작도 하지 않았다는 게 주주들의 공통된 의견이다. 이처럼 셀트리온은 처음부터 세계적인 제약사로 도약하는 것을 목표로 삼고 출발한 회사이다. 그러나 이 회사는 전문의약품을 만드는 회사이다 보니 일반인들은 아직 잘 모른다. 그 점이 투자 대상으로 더 매력적으로 느껴지게 한다.

2015.11.12.

바야흐로 세상은 고령화 사회가 돼 버렸다. 이는 인간의 수명 연장 덕분인데 너무나 갑작스러운 변화라는 점에서 문제점으로 대두하고 있다. 물론 인간의 수명이 늘어난 것은 의학과 약학의 획기적 발전 때문이다. 인간의 수명 연장이 인류에게 축복인지 재앙인지에 대해 논란이 많다. 인간의 수명 연장과 관련이 있는 종목은 무엇일까? 의학이나 제약 종목일 것이다. 따라서 이 종목에 투자하는 것이 유망할 거라는 생각이 들었다.

지금까지는 사람들의 관심사가 단순히 수명 연장이었다면 앞으로는 점점 건강 수명 연장에 관심을 쏟을 수밖에 없을 것이다. 이는 삶의 질을 중시하는 세계적 추세와 관련이 깊다. 그렇게 되면 의학, 제약 관련 산업이 점점 고부가가치 산업으로 전환될 것이다. 시장의 규모도 지금보다 훨씬 커질 것이다. 국가 차원에서도 이젠 생존을 위해 미래 먹거리를 발굴하고 그 사업을 지원해야 할 것이다. 셀트리온은 앞으로 우리나라가 나아가야 할 길을 정부에 제시할 회사로 손색없다고 생각한다. 따라서 셀트리온에 투자하는 것은 도전해 볼 만한 도박이라고 생각한다. 도박이라고는 하지만 장기 투자를 한다면 위험성은 현저히 낮아진다.

2015.11.13.

드디어 셀트리온 종목을 30주 매수했다. 셀트리온 주주가 된 것이다. 한국의 제약사들의 국제 경쟁력에 대해 아직 확신은 없지만, 코스닥 시가 총액 1위 기업이자 업종 대표주라는 것이 마음에 들었다. 이 회사의 주업은 일반인에게는 생소한 바이오 시밀러 제약업인데, 국내에서는 독보적이라고 한다. 현재 가지고 있는 다른 주식을 점차 팔아 셀트리온 주식 수를 늘려 갈 생각이다. 그리고 이 회사가 하는 일에 대해서 앞으로 더 공부해야겠다는 생각이 든다.

 **2015.11.16.**

셀트리온은 벤처기업으로 출발했고 역사가 그리 길지 않다. 이 회사의 창업자이자 현 회장은 대우 출신 서정진 회장이다. 서 회장은 대우그룹 퇴직 후 전혀 생소한 분야인 제약업에 뛰어든 사람이다. 제2의 인생을 시작하는 데 그의 전공과 기존 직장 경험은 별 도움을 주지 못했을 것이고, 다른 사람들도 그렇게 생각했을 것이다. 따라서 그는 사업을 진행하는 동안 내내 격려를 받기는커녕 각종 난관에 부딪힐 수밖에 없었다. 심지어 사기꾼이라는 소리도 들었다고 한다.

과정이야 어찌 됐든 그는 멋지게 성공했다. 비주류의 설움을 말끔히 날려 버린 것이다. 정말이지 대단하다는 말밖에 안 나온다. 셀트리온 홈페이지를 방문해 보니 초기 화면에 그동안 얼마나 힘들었는지에 대한 서 회장의 압축된 자기 고백이 나와 있었다.

2015.11.17.

주가가 4,000원이나 올랐다. 사자마자 오르니 이런 행운이 또 없다. 요즘 국내 기관 투자가들이 많이 매수하고 있다. 게다가 외국인도 오늘 셀트리온 종목을 순매수하였다. 앞으로도 주가가 점점 오를 주식이라고 확신한다.

셀트리온에 대한 뉴스를 검색해 보았더니 그동안 정말 어이없다고 할 수밖에 없는 일들이 많았다. 도전 정신을 가지고 새로운 분야에 뛰어든 기업인을 도와주지는 못할망정 사업을 방해하는 세력들이 많았다. 물론 정부에서도 이 기업에 어떠한 도움도 주지 않았다. 회사를 가장 많이 괴롭혔던 것은 공매 세력이다. 공매 세력 때문에 주가가 수시로 폭락하는 사태가 반복되었기 때문이다. 공매 세력 때문에 괴로웠던 서 회장이 마침내 회사를 외국 기업에 팔겠다는 발표를 하기도 했다. 하지만 다행히도 이는 실현되지 않았다. 매각 결정을 번복한 것은 서 회장 자신과 기존 투자자, 나아가 대한민국을 위해서 정말 잘한 결정이었다.

어떻게 이런 일이 내가 사는 땅에서 버젓이 일어나는지 모르겠다. 이런 대한민국의 현실에 정말 기가 막혔다. 지극히 비상식적인 사건이기 때문이다. 더군다나 공매도는 지금도 계속되고 있다. 공매도의 문제점은 기업의 가치와 관계없이 주가를 비정상적으로 떨어뜨려 개인 투자자를 패닉에 빠뜨린다는 점이다. 주가와 기업 가치는 함께 가는 것이 정상이다. 그런데 주가가 비정상적으로 떨어지면 전문 지식이 없는 주주들은 기업 가치마저 떨어진 것으로 인식하게 마련이다. 이런 일은 회사는 물론 소액 투자자들에게도 결코 좋은 일이 아니다. 특히 힘없는 개인 투자자들이 손해를 볼 가능성이 높다. 이런 일이 일어나도록 정부가 방치하는 것은 절대 바람직한 일이 아니라고 생각한다.

장기 투자를 하려는 사람들에게는 공매도로 인한 주가 하락이 투자 기회가 될 수도 있지만 그렇다고 공매도가 합리화되지는 못한다. 왜냐하면 모든 시장 참여자들이 완전한 자유 경쟁을 하여 주가가 결정되었을 때 그 가격이 적정한 주가이기 때문이다. 자본주의의 꽃이라는 주식 시장이 제대로 기능하려면 이런 체제가 완벽하게 유지되어야만 할 것이다. 특정 세력이 주가를 좌우한다면 주식 시장이 더 이상 자본주의의 꽃이 아닌 것이다.

 **2015.11.18.**

주가가 많이 상승했다. 외국인과 기관 투자가가 모두 주식을 대량으로 매수하였다. 이틀 연속 상승으로 1주당 6,700원의 수익이 났다. 며칠간의 수익치고 나쁘지 않다. 물론 이 정도의 수익으론 만족하지 못한다. 최소 몇 년간은 절대로 주식을 매도할 생각이 없다.

오늘 셀트리온을 괴롭히는 공매도 세력의 주축이 누군지 짐작하게 하는 뉴스를 찾았다. 2010년에 모 기업이 셀트리온 경영권을 5,000억 원에 인수하려다 실패했다는 뉴스를 접하게 되었다. 그 기업에서는 바이오 사업을 이른바 미래 신수종 사업으로 규정하고 유망한 투자처를 찾다 셀트리온에 주목하게 됐고 이 회사의 경영권을 인수하려고 하였다. 그러나 서정진 회장은 이 제안을 단칼에 거절하였다. 사실 5,000억 원이라면 어마어마한 돈이다. 셀트리온을 인수하려던 그 기업에서는 그런 거금이면 당연히 경영권을 넘겨줄 거로 생각한 듯하다. 그런데 보기 좋게 한 방 먹은 것이다. 하지만 그 사건이 악연의 시작이었다. 그때부터 그 기업은 셀트리온을 괴롭히기로 마음먹은 듯하다.

셀트리온 회장 성격에 돈 버는 것만이 목적이었다면 아마 사업을 시작도 하지 않았을 거로 생각한다. 어떤 일을 하든 꿈이 있어야 성공할 수 있다. 그에게도 꿈이 있었다. 꿈이 있었다는 것은 단지 돈을 위해 위험을 무릅쓰고 새로운 분야에 뛰어든 것이 아니라는 의미로 해석할 수 있다. 그에게는 열정과 불굴의 도전 정신도 있었다. 그랬기에 그는 5,000억 원이라는 안정을 물리치고 도전을 택한 것이다. 그의 꿈과 도전 정신이 셀트리온을 세계적인 기업으로 키운 원동력이라고 생각한다. 이처럼 서 회장은 실현 가능성이 낮지만 확실한 수익원을 일찍이 발견하고서 그에 매진해 왔기 때문에 지금까지 성공을 거듭했고 앞으로도 그럴 거라 믿는다.

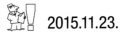 2015.11.23.

2010년에 일어났던 셀트리온 경영권 인수 실패 사건을 다시 생각해 보았다. 해당 기업에서 바이오 관련 사업이 유망하다고 판단한 것까지는 좋았다. 그 방법은 직접 바이오 사업에 신규로 진출하거나 기존 기업의 경영권을 인수하는 것일 텐데 그것이 여의치 않

으면 그런 기업에 투자만 할 수도 있었다. 해당 기업은 이 모든 가능성을 다 고려했을까? 아마 그러지 못했을 것이다. 왜 그 기업은 셀트리온 경영권 획득에만 관심이 있었을까? 어느 누가 자신의 목숨과도 바꾸지 않을 기업의 경영권을 싼값에 다른 기업에 넘기겠는가. 그것은 명백한 탐욕이다. 알짜 기업을 싼값에 사들이려는 속셈이 있었기 때문이다. 당시 경영권을 획득하기 위해 시간을 허비하지 말고 순수하게 셀트리온에 자금 투자만 했더라도 지금쯤 큰 보상을 받았을 것이다. 미국의 투자가 워런 버핏은 경영권 획득에는 관심이 없고 순수하게 투자만 하고 있다. 이런 마음가짐이 국가 전체적으로 좋은 일이 아닐까 싶다.

그런데 셀트리온 경영권을 헐값에 획득하려던 그 기업이 한국을 대표하는 기업이라는 게 기가 막힐 뿐이다. 그 기업의 총수는 아직도 소유와 경영은 불가분의 것이라는 구태의연한 사고를 하는 것이다. 그것도 모자라 셀트리온을 공매도의 타깃으로 삼아 지속적으로 괴롭히고 있다는 강한 의심마저 드는 상황이니 참으로 한심하다는 생각이 든다.

 **2015.11.25.**

셀트리온의 바이오 시밀러 1호 제품은 램시마이며, 현재 이 회사에서 유일하게 매출을 일으키고 있는 제품이다. 이 약품은 전 세

계적으로 수십조 원의 매출을 올리고 있는 레미케이드라는 바이오 약품을 복제한 것이다. 말이 복제이지 바이오 약품은 화학 약품처럼 쉽게 복제할 수 있는 것이 아니라고 한다. 램시마는 글로벌임상시험을 통해 안전성과 효능이 입증된 약품이어서 현재 유럽등 각국에서 시판 중이다. 각국 정부에서는 의료 재정 절감을 위해 바이오 시밀러 약품 처방을 독려하고 있으며, 따라서 램시마는점유율이 가파르게 상승 중이다.

우리나라 회사가 세계적인 제약사와 당당히 경쟁하고 있다고 생각하니 정말 가슴이 뿌듯하다. 게다가 램시마의 뒤를 이어 출격대기 중인 후보 상품들도 있다. 셀트리온은 최고의 기술력을 보유하고 있으므로 개발 중인 약품도 조만간 세계 시장에서 당당히 경쟁하게 될 것이다.

2015.11.27.

기업이 주주들을 위해 할 수 있는 것 중 최고는 주가를 올리는것이다. 주가를 올리기 위해서는 당연히 사업을 잘해서 수익을 최대한 많이 거둬야 한다. 이런 의미에서 셀트리온은 정말 주주들을위하는 회사이다. 국내 상장사들의 올해 3분기까지 평균 영업이익률은 9.5%였다. 그런데 셀트리온은 50.4%였다. 매출액 상위 10위권 제약사들 중에서 1위를 차지했다. 셀트리온은 무한 성장 가능성과 높은 수익성이라는 두 마리 토끼를 다 잡을 수 있는 회사인 것이다. 나는 국내에 셀트리온에 견줄 만한 회사는 사실상 없다고 생각한다.

나는 우연한 기회에 주식 시장에 발을 들여놓았고 또 우연히 셀트리온이라는 회사를 알게 되어 투자를 시작하였다. 이 선택이 내 생애에서 가장 잘한 일이라는 느낌이 든다. 셀트리온에 투자하는 모든 사람들은 정말 행운아다. 주식의 가격인 주가는 공통적으로 등락을 반복한다. 그런 점에서 주가와 인생이 비슷하다면 지나친 비약일까? 이번 주에는 주가가 하락하였다. 하지만 실망하지 않는다. 실망할 필요가 전혀 없기 때문이다.

 **2015.11.30.**

셀트리온에서는 2014년 8월 미국 FDA에 램시마 판매 허가를 신청했지만 아직 승인받지 못했다. 승인이 지연되는 데는 여러 이유가 있겠지만 그중 하나는 자국 제약 산업을 보호하려는 목적일 것이다. 그렇지만 미국 내에서도 바이오 시밀러 의약품에 대해 점점 우호적인 분위기가 형성되고 있다고 한다. 전문가들은 내년 상반기에 램시마가 미국 내 시판 허가를 받을 것으로 전망하고 있다. 허가를 받기까지가 힘들지 일단 허가를 받으면 미국 시장 잠식은 급속도로 진행될 것이다.

2015. 12.

y
주식은 **장기 투자**가 **정답**이다

z

 2015.12.1.

 셀트리온 관계사 중에 셀트리온 스킨큐어가 있다고 한다. 그런
데 이 회사는 화장품을 생산한다고 한다. 좀 더 알아보니 이 회사
외에도 관계사가 몇 개 더 있다. 셀트리온의 모회사는 셀트리온 홀
딩스라는 회사이고, 자회사로는 셀트리온 제약이 있다. 서 회장이
직접 또는 간접적으로 지배하는 회사는 총 8개 회사이다.

 사실 회사 경영자들은 여러 사업에 손대고 계열사들을 늘리는
것을 좋아한다. 그 이유는 간단하다. 바로 포트폴리오 전략 때문
인데 결국 자신의 이윤을 극대화하기 위해서다. 얼핏 서정진 회장
이 여러 계열사를 거느리고 있는 것이 셀트리온에는 그다지 좋은
일이 아닌 것으로 보인다. 그러나 셀트리온은 그룹 내 핵심 계열사
이며, 아직도 성장 중인 회사이다. 그렇기에 지속적으로 연구 개발
을 위해 자금을 공급받아야 한다. 적어도 향후 몇 년간은 다른 계
열사를 돕는 일보다 다른 계열사에서 도움을 받을 일이 더 많을
거로 생각한다. 서 회장은 이 회사를 집중적으로 키울 것이며, 향
후 몇 년간 다른 계열사들은 셀트리온의 자금줄 역할을 하지 않을
까 싶다. 이래저래 이 회사에 투자하기로 결정한 것은 정말 잘한

일이라 생각한다.

 **2015.12.7.**

램시마의 올해 수출 금액이 약 6,000억 원에 달할 것으로 전망된다고 한다. 국내 어떤 회사도 단일 약품으로 이런 실적을 올린 사례가 없다. 또 설립 후 이렇게 짧은 기간 안에 매출 6,000억 원을 달성한 국내 제약사도 전무하다. 지금은 셀트리온 매출의 대부분이 램시마 판매 금액이지만 곧 다른 약품도 합세하여 셀트리온 실적을 견인할 것이다. 지금 개발 중인 약품도 램시마의 뒤를 이어 성공 가도를 달려 주길 기원한다.

2015.12.9.

셀트리온에서는 다양한 약품을 개발 중인데, 그중 하나는 신약으로 개발하는 종합 독감 항체 치료제이다. 이 약은 모든 변종 바이러스에 대해 치료 효과가 기대됨에 따라 세계보건기구는 물론 각국 정부의 지대한 관심을 받고 있다. 이 정도의 약품이면 각국의 필수 보유 의약품으로 지정될 수도 있다고 한다. 따라서 이는 셀트리온이 보유 중인 파이프라인 중에서 가장 전망이 좋다고 한다. 물론 셀트리온이 보유 중인 파이프라인이 모두 성공한다는 보장은 없다. 하지만 그중에서 몇 개만 성공해도 상상을 초월하는 가치를 창출해 낼 것이다. 가히 핵폭탄에 견줄 만하다. 괜히 셀트리온을 장기 투자 종목이라고 하는 것이 아니다.

2015.12.11.

장기 투자를 해 온 주주들은 하나같이 셀트리온이 정말로 어마어마한 성장 가능성을 지닌 회사라고 말한다. 현재 실질적인 매출을 일으키는 약은 램시마 하나뿐이다. 이 회사를 사람에 비유하자면 어린이인 셈이다. 그런데도 시가 총액 기준으로 한국 최고의 제약사이다. 그런데 앞으로 다른 약품까지 시판 승인을 받아 본격적인 판매에 들어가면 어떻게 될까? 주가가 얼마까지 상승할까? 성장이 멈출 때까지 자라면 얼마나 커질지 감히 예상하기가 어렵다. 모든 현상에는 임계점이라는 것이 있다. 아직은 임계점에 도달하지 않았기 때문에 성장 속도가 더딘 편이다. 그러나 임계점에 도달하면 그때부터는 성장 속도가 폭발적일 것이다. 주주들이 특별히 할 일은 없다. 회사 임직원을 격려해 주고 조용히 기다리면 된다. 단, 지나친 기대는 금물이다. 모든 일은 회사 임직원이 알아서 할 것이다. 굳이 주주들이 나설 필요가 없다.

주가가 다시 7만 원대로 내려앉았다. 주식 시장은 소리 없는 전쟁터라는 말이 맞는 것 같다. 일반적으로 주식 거래는 참여자가 모두 이길 수는 없는 제로섬 게임이라고 한다. 특히 이유 없이 주가가 오른 급등주를 산 사람은 반드시 손해를 보게 된다고 생각하면 된다. 주식 시장에서 벌어지는 전쟁은 크게 보면 외국계 투자사, 국내 기관 투자가, 개인 간의 3파전이지만, 작게 보면 모든 참여자가 각개전투를 벌이는 형국이다. 전쟁 수단은 각자 보유한 주식과 현금이다. 그러나 진정한 승리자가 되려면 전투에 참가하지 말아야 한다. 물론 개인만이 그렇게 할 수 있다. 정말 좋은 주식을 골라 사 놓고 기다리기만 하면 된다. 전투를 즐겁게 구경하거나 그것도 싫으면 안 보면 된다. 정신 건강을 도모하려면 구경하지 않는 것이 더 좋다. 오늘도 '오를 주식의 주가는 반드시 오른다'라는 믿음으로 하루를 마무리한다.

 **2015.12.16.**

공매도에 대해 다시 생각해 보았다. 공매도 세력들은 누군가에게서 주식을 빌릴 것이고 그렇다면 주식을 빌려주는 사람도 존재할 것이다. 주식을 빌려주는 사람은 셀트리온의 대주주이거나 소액 주주일 것이다. 물론 기관 투자가와 연기금 관리 회사도 주주에 포함된다. 어쨌든 지금도 셀트리온의 주주들은 자신이 소유한 주식을 공매도 세력들에 대차하고 있다. 주식을 대차해 준 주주들

은 그 대가로 소정의 수수료를 받는다고 한다. 주주는 회사의 주인이며 그렇기 때문에 권리와 의무가 수반된다. 진정 본인이 회사의 주인이라고 생각한다면 눈앞의 이익 때문에 자식과도 같은 주식을 남에게 맡기지는 않을 것이다.

더구나 공매도는 해당 회사의 주가를 떨어뜨리면 떨어뜨렸지 절대로 올리지는 못한다. 그들은 수수료 몇 푼 때문에 대한민국 최고 가치주의 주가 상승을 막고 있는 것이다. 셀트리온 주식은 공매도 수요가 많아 대차 수수료가 굉장히 높다고 한다. 정말 기가 막힌다. 악법을 방치하는 이 나라가 정말 법치주의 국가인지 의문이다. 어쨌거나 주식을 대차하는 것은 위험이 따른다. 최악의 경우 빌려준 주식을 돌려받지 못할 수도 있다. 아마도 주식을 빌려준 사람들은 이런 위험까지는 생각을 못했을 거로 생각한다. 그런데 그들이 알아야 할 게 있다. 자기들은 심장이 튼튼한지 몰라도, 심장이 약한 사람들은 공매도에 의해 주가가 급락하면 손실을 보더라도 주식을 투매하게 된다는 사실 말이다. 다시 말해 그들이 선량한 개인 피해자를 만들어 낸다는 것이다. 물론 그것이 공매도의 원래 목적이다.

 2015.12.18.

램시마는 유럽 등 각국에서 판매되고 있지만, 미국에서는 아직

시판되지 못하고 있다. 이미 셀트리온에서는 2014년 8월 미국 FDA에 판매 허가를 신청했지만, 미국 FDA에서는 어떤 이유인지 차일피일 미루고 있다고 한다. 이렇듯 의약품 사업은 인간의 생명과 직결되는 특성이 있기 때문에 개발에서 판매까지 복잡한 단계를 거쳐야 하며 시간도 오래 걸린다.

그런데 드디어 FDA 승인을 위한 심사가 내년 초에 있을 예정이라고 한다. FDA 자문위원회에서 승인 권고 결정을 내리면 보통 이 의견을 그대로 수용해 FDA에서 시판 승인을 결정, 발표하게 된다고 한다. 회사 측과 주주들은 FDA 승인을 낙관하고 있다. 미국의 의약품 시장은 대단히 크므로 램시마가 미국에서 시판되면 글로벌 매출이 가파르게 성장할 것이다. 당연히 주가도 많이 올라갈 것이다. 정말 생각만 해도 행복하다.

 **2015.12.21.**

셀트리온 경영권을 인수하려다 실패한 국내 모 기업은 경영권 인수 실패 후 자체 바이오 사업을 시작하였다. 패스트 팔로어 전략(위험을 최소화하기 위해 남들이 먼저 시작하기를 기다렸다 후발 주자로 재빠르게 성장하는 전략)으로 유명한 기업이다. 그 기업은 동종 업계 경쟁자를 죽이는 것으로 악명이 높아 살짝 걱정되기도 한다. 현재 기술력은 어떤지 모르지만, 사업 자금은 넘칠 것이다. 특히 제약 산업은 자금보

다는 경영자의 열정과 직원에 대한 무한 신뢰가 필수적이다. 무한 신뢰라는 것은 실패를 용인하는 것이다. 그러나 그 기업은 직원을 소모품으로 대하는 회사이다.

어쨌거나 그 기업이 셀트리온이 위치한 송도에 제3 공장을 짓기로 결정하고 오늘 기공식을 했다고 한다. 여기에는 대통령을 비롯한 정부 고위 공직자들이 참석했다. 준공식도 아니고 기공식에 대통령이 참석하는 것도 이례적이지만 더 큰 문제는 이 회사가 아직 실적이 전무하다는 것이다. 더욱이 자체 기술력이 있는지조차 의문이다. 정작 정부에서는 지금까지 세계적 기술을 갖춘 셀트리온에는 이렇다 할 관심을 두지 않았다는 것이 참으로 아이러니하다. 물론 셀트리온은 그동안 정부의 관심이 전무했어도 성공 가도를 달려왔기 때문에 오늘 사건이 전혀 특별하지 않다. 그러나 셀트리온 주주로서, 대한민국 국민으로서 대단히 아쉬운 대목이다.

2015.12.23.

바이오 시밀러 약품은 기존 바이오 신약 시장을 잠식만 한다고 오해하기가 쉽다. 셀트리온에 대해 안티 활동을 하는 사람들은 이런 점을 부각한다. 양측에서 출혈을 하면서까지 가격 경쟁을 할 수밖에 없고 그러다 공멸할 수도 있다고 주장한다. 그러나 바이오 시밀러가 바이오 약품 시장 자체를 키울 것이라는 게 전문가들의 견해이다. 기존 의약품보다 저렴한 바이오 시밀러가 출시되면 치료를 받지 못했던 환자들에게도 새로운 치료기회를 줄 수 있다는 얘기이다.

따라서 바이오 시밀러 약품 개발이 제약 산업에 새로운 바람을 몰고 올 것으로 기대해도 좋다. 오리지널 의약품을 제조하는 제약사들은 언젠가 자사 약품을 독점적으로 판매할 수 있는 특허 기간이 만료될 것이므로 긴장할 수밖에 없다. 이는 전 세계 의약품 시장의 판도를 바꿀 계기가 될지도 모른다. 이 바이오 시밀러 개발 경쟁이 소비자에게는 희망으로 다가올 것이다. 한국 국적의 세계적인 제약사가 탄생하는, 그야말로 꿈 같은 일이 조만간 벌어지기를 바라 마지않는다.

 **2015.12.24.**

주식을 소유하고 있으면 은행 이자처럼 배당이 나온다고 한다. 셀트리온은 현금 대신 주식 배당을 실시해 오고 있으며, 올해는 1주당 0.03주씩을 배당해 준다고 한다. 기준일이 12월 31일이지만 실제로는 12월 28일까지 매수해야 한다. 나는 154주를 가지고 있으니 4주를 배당받게 될 것이다. 사실 셀트리온 종목을 사자마자 주가가 많이 오르길 바란 것은 아니다. 하지만 박스권 내에서 오르내리는 것을 보니 과연 주가가 서서히라도 오를까 하는 의구심이

살짝 들 때도 있다. 주식을 산 지 이제 겨우 한 달이 지났을 뿐인데 이런 생각을 하다니 내가 생각해도 정말 한심하다. 추가로 13주를 더 사면 5주를 배당받게 되는데 주가가 단기간 내에 오른다는 확신이 서지 않아 사지 못했다.

 **2015.12.29.**

오늘은 올해 배당락일이었다. 배당을 받기 위해 어제까지 매수했다가 배당락일에 매도하는 경우가 많아 오늘 하락할 거라고 예상했었다. 그런데 오히려 전날보다 상승 마감하였다. 주식 초보자인 내 생각과는 정반대였다. 어제 오르고 오늘 내릴 줄 알았던 것이다. 어제보다 9,500원, 12.7% 올랐다. 바로 이런 맛에 사람들이 주식 투자를 한다는 생각이 들었다. 온몸에서 전율이 느껴졌다. 포커를 치다가 판을 싹쓸이한 기분이 들었다. 셀트리온의 미국 시장 개척이 신대륙 발견에 비견할 만한 사건이긴 한 모양이다. 내일은 올해 마지막 개장일이다. 추가로 상승할지 궁금하다.

 **2015.12.30.**

주가가 약간 상승했다. 올해는 내가 난생처음 주식 투자를 시작

한 해이다. 셀트리온에 오랫동안 투자한 것은 아니지만 유종의 미를 거두었다. 내가 셀트리온 종목을 만난 것은 정말 행운이 아닐까 싶다. 셀트리온은 내가 아무 생각 없이 주식 시장에 뛰어들었다가 쓴맛을 본 상태에서 '바로 이거야!' 하는 생각이 든 주식이다. 그때 셀트리온을 발견하지 못했더라면 아마도 주식 시장에서 발을 뺐을 것이다. 내년엔 틀림없이 램시마가 미국 FDA에서 시판 승인을 받을 것이고 주가도 많이 상승할 것이라 생각한다.

2

2016년

1월~2월

2016. 1.

 2016.1.3.

대망의 2016년이 밝았다. 한국 시각으로 2월 10일 미국 FDA 자문위원회에서 램시마를 심사한다. 심사 후 승인 권고 여부를 결정하게 된다. 미국은 명분보다는 실리를 지향하는 나라이다. 철저하게 득과 실을 따져 의사결정을 한다. 이변이 없는 한 승인 권고 결정이 내려질 거라 믿는다. 모든 셀트리온 주주들이 그렇게 믿고 있을 것이다.

 2016.1.4.

주가가 상당히 많이 올랐다. 외국인과 기관 투자가가 동시에 매수하였다. 새해 첫날부터 조짐이 좋다. 공매도 세력들이 공매한 주식 수량이 2,000만 주나 된다고 한다. 물론 언젠가는 주식 대차자한테 상환해야 하는 주식이다. 사실 세력들이 바보가 아닌 이상 셀트리온의 가치를 잘 알고 있을 것이다. 셀트리온의 가치를 모르는 쪽은 개인들이다. 개인들은 아직도 셀트리온의 가능성을 믿지 못한다. 그래서 공매 세력들의 작전이 통하는 것이고 주가를 곤두박질치게 할 수 있는 것이다. 모든 개인 투자자들이 셀트리온의 가치를 확신하기 전까지는 세력들이 셀트리온 종목을 공매도함으로써 자신들의 이익을 극대화할 것이다.

하지만 모든 사람들이 셀트리온의 가치를 확신하는 데는 시간이 좀 더 흘러야 할 것이다. 정부에서도 아직은 셀트리온의 진가를 인식하지 못하는 것 같다. 정부에서 셀트리온의 진가를 인식하고 우호적으로 되는 순간 공매 세력은 서서히 셀트리온 주위에서 사라질 것이다. 물론 사라지기 전에 그들이 반드시 해야 할 일이 있다. 그들은 자신들이 공매한 주식을 모두 되사서 주식을 빌려준 주주한테 갚아야 한다. 그러면 주가는 엄청 오르게 될 것이다. 언제가 될지 모르지만 반드시 그날은 오게 돼 있다. 그런데 주주들이 물량을 움켜쥐고 내놓지 않아 세력들이 주식을 되살 수 없다면, 어떤 일이 벌어질까? 정말로 궁금하다.

공매도는 이 땅에서 합법화되었지만 문제가 많다. 공매도 세력들은 그들만이 아는 정보를 이용하여 시장 질서를 교란하기 때문이다. 공매도의 정의가 주가가 떨어질 것을 예상해서 대차한 주식을 대량 매도하여 주가를 선제적으로 떨어뜨린다는 것인데, 이 정의 자체에 함정이 숨어 있다. 어떤 세력도 단독으로 주가를 움직이는 것이 불가능하다면 공매도를 허용하여도 큰 문제가 없을 것이다. 그래야만 주식 시장이 공정하게 운영될 것이다. 하지만 실상은 그렇지 않으며, 금융 당국이 공매도를 허용한 것은 강력한 존재에게 칼자루까지 쥐여 준 꼴이다. 특정 세력이 주가를 좌우하지 못한다면 공매도 자체가 애초에 불필요할 것이다. 공매도를 허용해 달라고 로비한 세력과 그것을 받아들인 금융 당국 간에 거래가 있지 않았는지 의심스럽다. 게다가 공매도 세력들이 수집하는 정보들은 거의 모두 불법으로 취득한 기업 내부 정보이다.

2016.1.6.

셀트리온 주가가 계속 상승세를 타고 있다. 작년 연말부터 오늘까지 5일 연속 상승하였다. 외국계 투자사가 계속 매집하고 있다. 그들도 셀트리온이 개발한 램시마가 미국에서 시판 승인을 받으리라고 보고 있다는 증거이다. 그렇게만 되면 그것은 대형 호재이기 때문에 셀트리온 종목을 매집하는 것은 당연한 현상으로 볼 수 있다. 제발 이 상승세가 계속 이어졌으면 좋겠다.

2016.1.8.

연초부터 외국계 투자사가 셀트리온 종목을 순매수하고 있다. 주가가 1월 4일에 이어 5% 넘게 상승하였다. 상승세가 언제까지 계속될지가 관심사이다. 살짝 불안하기도 하다. 언젠가는 떨어질 날이 있을 것이다. 마치 야구에서 연승이 끝나면 연패가 오듯이 말이다. 주가가 오르고 내리는 일은 주식 시장에서 일상적인 사건이지만 그 주식을 보유한 사람의 마음은 천당과 지옥을 오간다. 주가가 매일 오르기만 한다면 주식으로 돈을 잃는 사람이 없을 것이며 주식 투자를 도박이라고 부르는 사람도 없을 것이다.

주식 투자에서 실패하는 가장 큰 원인은 사람의 본전 심리, 곧 탐욕이라고 생각한다. 수많은 동전이 땅바닥에 흩어져 있는 꿈을 꾸는 사람은 꿈에서 깰 때까지 탐욕을 부리지만 꿈에서 깨고 나면 곧바로 허무함을 느낀다. 같은 금액이어도 주가가 오를 때는 작게 느껴지고 내릴 때는 크게 느껴진다. 주가가 오를 때는 즐겁지만 내릴 때는 속이 쓰리다.

하지만 주식 투자로 성공하려면 이 모든 것을 극복해야 한다. 그러려면 그날그날의 주가 변동에 연연해서는 안 될 것이다. 오르면 당연히 좋은 것이지만, 떨어지더라도 언젠가 다시 오를 것이라고 믿고서 평정심을 유지하는 게 중요하다.

 **2016.1.11.**

셀트리온 종목으로 나는 짧은 기간 동안 꽤 높은 수익을 냈다. 그런데 최근의 연속 상승이 셀트리온을 괴롭히던 공매도 세력들이 셀트리온을 떠날 준비를 한다는 의미인지 궁금하다. 공매도 세력

들이 작전을 포기하고 빌린 주식을 주주에게 갚기로 결정했다면, 공매도한 주식을 되사야 하니까 주가가 급상승하게 된다고 한다. 주주들이 할 일은 굿이나 보고 떡이나 먹는 것이다.

2016.1.13.

작년 연말부터 계속해서 주가가 상승하고 있다. 램시마가 미국에서 판매 승인을 받을 거라는 기대감 때문인 것으로 해석된다. 외국계 투자사는 기록적인 순매수를 하였다. 그러나 이 와중에도 공매도 세력들은 공매도를 자행하고 있다고 한다. 공매도 세력들이 아직은 셀트리온을 떠날 생각이 없나 보다. 세력들은 정말 해당 기업을 죽이고 자신만 살겠다는 생각을 하는 게 틀림없다. 그들은 자신 말고 다른 사람들이 모조리 죽어도 개의치 않을 것이다. 심지어 주식 시장 자체가 사라져도 그들에게는 상관없을 것이다. 그땐 또 다른 방법으로 돈을 불리면 되니까 말이다. 마음만 먹으면 돈을 벌 방법은 항상 있고, 돈만 번다면 그 방법은 아무런 문제가 안 된다는 사고가 그들의 머릿속에 자리 잡고 있는 게 틀림없다.

 **2016.1.16.**

도서관에 가서 주식 투자 관련 도서를 찾아봤다. 도서관에 가면 항상 느끼는 것이지만 세상에는 정말로 책이 많다. 도서관에 있는 책을 다 읽어야만 할 것 같은 부담감도 느끼게 된다. 거기에는 주식 투자 등 재테크 관련 서적도 많이 있었다. 주식 차트 분석에 관한 서적도 많이 있었다는 사실에 적잖이 놀랐다. 쉽게 빠르게 돈을 벌 방법이 있다고 하면 사람들은 귀가 솔깃해진다. 이런 책들은 그런 사람들을 대상으로 하는 책이다. 나는 장기 투자에 도움이 될 만한 책을 찾았다. 투자의 대가로 불리는 사람은 여럿 있다. 그중에서도 워런 버핏이 유명하다. 하지만 워런 버핏이 저술한 책은 없다고 한다. 그 대신 그는 자신의 회사 주주들에게 매년 편지를 보냈는데 그것을 모아 놓은 책이 있다고 한다. 그 책의 제목은 『워런 버핏의 주주서한』이다.

어떤 일을 하든 자신의 원칙과 철학을 정립해서 그것을 실천하는 것이 성공의 열쇠라고 생각한다. 워런 버핏은 장기 투자가 정도라는 자신의 철학을 수십 년째 실천해 오고 있다. 그는 자신의 투자 철학을 몸소 실천함으로써 대성공을 거두었고 자신의 투자 방식이 투자의 기준으로 자리 잡게 하였다. 또 그는 회사 경영에서도 정도 경영을 실천했기 때문에 많은 사람들에게서 존경을 받고 있다. 그의 철학은 나의 신념과도 맞아떨어지기 때문에 틈날 때마다 도서관에 가서 읽을 생각이다.

오늘 상승률 17% 포함하여 지난해 12월 28일 이후 주가가 50% 넘게 상승하였다. 이 정도면 솔직히 두려움을 느낀다. 문득 팔고 싶은 유혹을 느끼기 때문이다. 그러나 유혹을 떨쳐야 한다. 다른 회사 같았으면 팔았을 수도 있다. 그러나 셀트리온 종목은 이 정도 수익으로 만족할 게 아니다. 오늘 팔았다가 조정받을 때 다시 사는 방법도 있기는 하다. 하루에 17% 상승하면 다음 날은 조정받을 가능성이 대단히 높은 것도 사실이다.

그러나 매매는 중독성이 있다. 한번 매매에 맛을 들이면 장기 투자를 하는 데 걸림돌로 작용한다. 다행히 주가가 조정받을 때 성공적으로 팔았다 살 수도 있다. 그러나 그것이 습관이 될 수 있다. 그러니까 중독이 무서운 것이라고 하는 거다. 말로만 장기 투자이지 조정받는 때에는 항상 매도하고 싶은 유혹에 빠질 것이다. 주가가 좀 많이 오른 날 팔았다면 어떻게 될까? 틀림없이 많이 오른 다음 날은 내릴 거로 생각하고서 팔았을 것이다. 그러나 내일 주가는 아무도 모른다. 만약 팔았다면 그다음 문제는 언제 다시 사느냐 하는 것이다. 다음 날 용케 주가가 떨어지면 다시 살 것인가 아니면 좀 더 기다릴 것인가를 고민하면서 에너지를 낭비해야 한다. 단언컨대 이렇게 에너지를 낭비한다고 해서 큰 수익을 얻는다는 보장은 없다.

장기 투자는 매우 외로운 자기와의 싸움이다. 장기 투자로 가는 열쇠는 무조건 주식을 거머쥐고 있는 것이다. 주식 투자를 하는 동안 숲을 봐야지 나무를 보면 안 된다. 단기 투자는 짜릿할지 모르지만, 대단히 위험한 투자 방식이다. 하지만 장기 투자는 지루하기는 하지만, 안전하고 확실하면서 대단히 만족스러운 결과를 가져오는 투자 방식이다.

2016.1.20.

바이오 시밀러는 제약업계에서 블루오션(신시장)이라고 생각한다. 물론 기존 시장과 경쟁하는 측면도 있지만 전체 제약 시장의 규모를 키우는 효과를 가져온다. 기존 신약보다 저렴하게 공급하므로 더 많은 환자들이 치료를 받을 것이기 때문이다. 자연히 신약만을 개발해 오던 세계적인 제약사들도 전략을 수정할 수밖에 없는 상황이 돼 버렸다. 그들도 바이오 시밀러 개발에 동참해야 하는 상황이 됐다. 보유하고 있는 신약의 특허 기간이 만료되면 그 약품의 매출이 급속도로 쪼그라들 것이 불을 보듯 뻔하기 때문이다.

램시마는 레미케이드라는 고가 항체 의약품을 복제한 약품인데, 레미케이드와 마찬가지로 질병의 원인만 정확하게 공격하기 때문에 효과는 좋고 부작용이 적다고 한다. 화학적으로 제조된 류머티즘 관절염 치료제는 오래 먹으면 부작용이 발생하는 데 반해 이들 항체 치료제는 부작용 없이 완치율을 올릴 수 있다. 그런데 램시마의 경쟁력은 레미케이드보다 훨씬 저렴하다는 사실이다. 레미케이드의 전 세계 시장 규모는 12조 원이므로 이 시장의 절반만 차지해도 6조 원의 매출을 올리게 된다. 게다가 기존 시장에 바이오시밀러가 침투함에 따라 전체 시장이 커질 수도 있다. 램시마는 실로 어마어마한 잠재력을 가진 약품인 것이다.

2016.1.23.

셀트리온에 장기 투자를 해 온 어느 주주가 오늘 셀트리온 주주들을 대상으로 무료 족발 파티를 열었다고 한다. 그 주주는 족발집을 운영하는데 1월 초에 주가가 10만 원을 돌파한 것을 다른 주주들과 자축하기 위해 파티를 열었다고 한다. 그 주주는 몇 년 전에 그렇게 하겠다는 공약을 주식 게시판에 걸었다고 한다. 공약은 걸 수 있지만 꼭 지켜야 하는 것도 아니고, 지키는 것이 쉽지는 않을진대 그것을 실천했다니 대단한 분이라는 생각이 들었고, 한편으로 셀트리온 주주들은 남다르다는 생각이 들었다. 단순한 주주들의 모임이 아니라 일종의 공동체 같은 느낌이 든다. 장기 투자자들이 많기 때문에 이런 일이 가능할 거란 생각이 든다.

흔히 외부에서 위기가 닥치면 내부 결속이 강해진다고 한다. 셀트리온 주위에는 셀트리온을 위협하는 세력이 항상 있어 왔다. 그렇다 보니 셀트리온 경영진과 주주들의 결속이 자연히 끈끈해진 것이다. 그 끈끈함은 바로 신뢰이다. 온갖 위협을 함께 극복해 오면서 경영진은 주주들을, 주주들은 경영진을 신뢰하는 것이다. 그리고 주주들끼리도 서로 끌어 주고 밀어주면서 지금까지 함께해 온 것이다. 나도 셀트리온이라는 회사의 주주라는 것이 정말 자랑스럽다.

2016.1.30.

증권사에는 애널리스트라는 직군이 있다. 이는 기업을 분석해서 투자자들에게 편의를 제공하고 목표 주가를 산정해서 발표하는 일을 하는 사람들을 가리킨다. 애널리스트는 분기별로 이런 내용의 보고서를 낸다고 하는데 모 증권사에서 펴낸 보고서가 주주들 사이에서 화제이다. 셀트리온 목표 주가를 현재 주가보다 낮게 제시했기 때문이다. 주가는 기업 가치와 상관없이 오르락내리락한다. 설사 어떤 기업의 현재 주가가 고점이라고 판단하여도 기업 가치가 훼손되지 않았다면 보고서 작성 당시의 주가보다 목표 주가를 낮게 잡는 경우는 없다고 한다. 그렇다면 셀트리온 목표 주가를 턱없이 낮게 제시한 사람은 실력이 형편없거나 누군가의 사주를 받았다고 볼 수밖에 없다.

아마도 그 애널리스트는 윗사람의 지시를 받고 그런 보고서를 냈을 가능성이 높다. 왜냐하면 그 애널리스트가 속한 증권회사는 셀트리온을 인수하려고 했던 그룹 산하 계열사이기 때문이다. 그 그룹은 현재 바이오 사업을 하는 계열사(이하 SB 기업)를 거느리고 있는 상태다. 한마디로 경쟁 기업인 셀트리온을 깎아내리려는 의도로 그런 보고서를 써낸 것이다. 셀트리온, 화이자, 그리고 SB 기업 간의 관계를 보면 그 사실이 명확해진다. 미국의 화이자는 세계적인 다국적 제약 회사인데, 다른 회사에서 개발한 레미케이드라는 신약의 바이오 시밀러를 개발하려다가 포기하고, 그 대신 램시마를 미국에서 판매하기로 결정한 회사이다. 그리고 SB 기업은 화이자에서 개발한 신약의 바이오 시밀러를 개발했다고 주장하는 회사다.

2016.2.1.

주가가 며칠 조정을 받더니 상승하였다. 셀트리온 주주들의 관심사는 램시마가 미국에서 판매 승인을 받으면 과연 공매 세력들이 사라질까이다. 내가 생각하기에는 금방 사라지지는 않을 것 같다. 공매도는 주식을 빌려서 파는 것이다. 그렇다면 주식을 누구한테서 빌리는지가 궁금하다. 개인들이야 그렇다 치더라도 공적 기금을 관리하는 공단 등에서 대주를 한다면 문제가 된다. 불법의 소지가 있는 것은 말할 것도 없고 공익을 위해 존재하는 기관에서 그런 일을 저지르는 것은 부도덕한 일이기 때문이다.

그런데 개인들이 자발적으로 대주하는 것뿐만 아니라 비자발적으로 대주하게 되는 경우도 있다고 한다. 주주의 계좌를 관리하는 증권사에서 주주 모르게 불법으로 주식을 대차하는 경우도 있을 거라고 의혹을 제기하는 글이 주식 게시판에 올라와 있었다. 또 그런 의혹이 사실인지 확인하기 위해 다른 증권사 계좌로 모든 주식을 이관 신청했더니 한꺼번에 이관이 안 되는 일을 겪었다는 글도 있었다.

참으로 어이없는 일이 일어나고 있는 것이다. 얼마나 용감하면 고객의 재산을 함부로 남에게 빌려줄까? 아니 얼마나 무식하면 그럴까? 그동안 자발적으로 주식을 대여하는 사람만 나쁘다고 생각을 했는데, 세상에나 더 나쁜 놈들이 있었다. 나도 주식 이관 신청을 해 보아야겠다.

2016.2.5.

오늘은 설 연휴를 앞둔 마지막 장이었다. 주가가 1월 18일 폭등한 후 3주째 조정 중이다. 램시마 심사결과를 앞둔 마지막 날이어서 상승을 기대했는데 그렇지 못했다. 주식 투자를 시작한 후부터 휴일이 그리 반갑지 않다. 이런 것도 주식 중독의 한 증상인지 모르겠다. 설 연휴가 벌써부터 지루하게 느껴진다. 미국 FDA 자문위원회에서 램시마 심사결과를 빨리 발표했으면 좋겠다. 물론 승인 권고 결정이 내려지리라 기대한다. 승인 권고 결정이 내려지면 FDA에서 권고 사항을 반영하여 최종 승인 여부를 결정할 것이다. 판매 승인이 이루어지면 드디어 미국에서 램시마를 판매할 수 있게 된다. 틀림없이 올해 안에 그렇게 될 것이다.

 **2016.2.10.**

드디어 기다리던 빅뉴스가 터졌다. 미국 FDA 자문위원회에서 램시마 시판 승인 권고 결정을 내렸다. 셀트리온이 비상하도록 날개를 달아 준 것이다. 물론 승인 권고가 승인을 의미하지는 않는다. 내일 증시가 기대된다. 상한가를 기대해도 될지 모르겠다. 기대는 실망을 부르니까 너무 기대하지는 말아야겠다.

2016.2.11.

오늘은 승인 권고 이후 첫 거래일이었다. 결과는 실망스러웠다. 장 초반에 사상 최고가인 129,000원을 찍은 다음 폭락하더니 오히려 설 연휴 이전보다 낮은 가격으로 마감되었다. 셀트리온 종목에는 내가 투자하기 전부터 빌붙어서 주가를 들었다 났다 하는 세력이 있었다고 하는데, 그것을 내 눈으로 확인한 것이다. 핵폭탄을 개발하고도 주가가 폭락한 셈이다. 이런 믿기지 않는 일이 내가 살고 있는 땅에서 일어나는 것을 똑똑히 목격했다. 다른 주주들도 모두 분노를 느꼈다. 사실 실망한 것이 아니라 오기가 발동했다. 주가 조작 세력에게 절대로 지고 싶지 않은 오기가 생겼다. 내일도 떨어지면 추가로 매수하리라.

2016.2.12.

마치 미리 짜 놓은 시나리오라도 있는 것처럼 세력들은 이틀간 2만 원을 떨어뜨렸다. 그래 지금까지는 그들끼리 손발이 잘 맞으니까 계획대로 되고 있는 것 같다. 하지만 최후의 승자가 진정한 승자이다. 최후의 승자는 셀트리온 주주들이라고 확신한다. 악의 세력들의 최대 약점은 반드시 나중에 배신자가 생긴다는 점이다. 그러면 그들의 계획은 틀어지게 될 것이고, 곧바로 그들은 모두 지옥으로 떨어지게 될 것이다. 세력들이 사라지고 나면 셀트리온 주주들은 대박을 맞게 되리라.

2016.2.15.

공매도 세력들은 5년 넘게 셀트리온과 주주들을 괴롭히고 있다고 한다. 지난주 이틀간의 폭락은 충격적인 사건이지만 이미 그 전에도 있었다고 한다. 램시마는 2013년 8월 28일에 유럽 지역 판매를 승인받았다. 이런 초대형 호재가 있으면 상한가로 가는 것이 당연하다. 그런데 당일부터 3일 동안 주가가 대폭락하고 말았다.

역사는 반복된다고 했던가. 이번 미국 판매 승인 권고 이후 주가 흐름도 그때와 똑같다. 역사가 반복된다는 명언이 주식 시장에도 적용되는 이 쓸쓸함…. S 전자 주식을 산 후 며칠 연속 오르다가 갑자기 떨어지는 첫 경험이 없었다면 이번 사건으로 쓰나미급 충격을 받았을 것 같다. 아마도 주식을 전부 또는 적어도 절반은 팔았을지도 모른다. 주식 시장에서는 이런 일도 당연한 일로 받아들여야 할까? 정말로 이해할 수 없는 일이다.

대부분의 사람들은 회사의 가치를 보지 않고 주가 자체만을 보는 것 같다. 따라서 주가가 오르는 날은 웃고 주가가 내리는 날에는 인상을 쓰거나 공포에 떨게 된다. 오늘은 웃었다가 내일은 우는 일이 반복되는 것이다. 이런 마음으로는 절대로 장기 투자를 하지 못할 것이다. 물론 공매도 세력들은 사라져야 한다. 하지만 그 전까지는 그들에게 지지 않는 수밖에 없다. 그들에게 지지 않으려면 엉덩이가 무거워져야 하고 심장이 강해져야 한다.

2016.2.18.

셀트리온 주주들이 주식 이관 운동을 벌이고 있다. 나도 이관해야 하나 고민하다가 드디어 다른 증권사 계좌를 개설하여 주식 이관 신청을 하였다. 다른 증권사로 주식을 이관한다고 당장 어떤 효과가 있을지 확신이 없어서 그동안 미루었다. 모든 증권사들이 불법을 저지를 수도 있다는 생각도 했다. 다행히 258주 모두 새로운 증권사 계좌로 대체 입고되었다는 문자를 금방 받았다. 나는 내 주식이 대차되지 않은 것 같아 안심하였다. 대차할 정도로 주식 수량이 많지 않아서일 수도 있다고 생각했다. 사실 내가 거래하던 증권사는 불법을 저지른다는 의혹을 강하게 받는 곳이어서 걱정을 많이 했었다.

2016.2.20.

『워런 버핏의 주주서한』을 다 읽었다. 워런 버핏이 직접 쓴 책은 아니지만, 그가 쓴 수많은 편지들을 잘 편집해 놓았다. 나는 이 책을 통해 그의 훌륭한 인품을 엿볼 수 있었다. 그는 위대한 투자가이기도 하지만 존경할 만한 인품까지 갖춘 인물이라는 생각이 든다. 그는 돈만을 좇지 않았고 사회에 도움을 주는 회사에 투자하였다. 그리고 자신의 재산의 대부분을 사회에 기부하였다. 그러면서 자신은 한적한 시골 마을에서 검소하게 살아왔다. 적어도 모든 투자자들이 본받아야 할 인물이라고 생각한다. 기회가 있으면 한 번 더 읽을 생각이다. 향후 내 투자 철학을 정립하는 데 이 책이 많은 도움이 될 것으로 확신한다. 특별히 머릿속에 남은 대목은 아래와 같다.

* 시세에 일희일비하지 않고, 회사가 가지고 있는 본질적인 가치를 찾아, 그 사업이 장기적으로 발전할 것이라고 생각했을 때 투자한다.
* 어떤 기업이 세상을 위한 사업을 할 때 돈을 통해 그 사업에 참여하

는 것이 투자이다. 따라서 자신이 이해할 수 있는 사업, 존경할 수 있는 사업을 전개하는 회사에만 투자한다.

* 결혼 상대를 찾을 때는 두 눈으로 차분히 관찰하라. 하지만 결혼하고 나서는 한쪽 눈을 감고 있는 정도가 딱 좋다. 주가의 일일 변동에 일희일비하게 되면, 장기 투자는 제대로 되지 않는다.

* 워런 버핏은 특권 계급과 같은 생활을 하지 않고 서민과 같은 생활을 해 왔기 때문에, 세상을 위해 어떤 산업이 기여하고 있는지, 무슨 사업이 사람들을 행복하게 하는지 자신의 감각으로 이해했을 것이다(편집자 견해).

 2016.2.23.

새로운 증권사 HTS 프로그램에 접속해 보았다. 제대로 이체되었나 확인도 하고 메뉴 사용법을 익히기 위해서였다. 그런데 이상한 것을 발견하였다. 설마설마했던 사태가 눈앞에서 벌어진 것이다. 며칠 전 보유 주식을 새로운 증권사로 이체 신청을 했는데, 이전 증권사에서 보유했던 주식이 새로운 증권사 계좌로 한꺼번에 입고되지 않고 여러 번에 걸쳐 입고된 것을 발견하였다. 물론 많은 시간이 걸리지 않았기 때문에 그때는 한꺼번에 입고된 걸로 생각했었다. 한꺼번에 입고되지 않았다는 것은 내 주식도 다른 사람에게 대여되었다는 것을 의미한다. 셀트리온 주주들이 제기한 의혹이 사실이었던 것이다.

나와 같은 경우를 당한 주주들은 법적 대응을 한다고 한다. 물론 법적 대응을 하는 게 맞지만 법적 대응을 하는 것이 나에게 유리할 거라는 보장이 없다. 금융 감독 당국에서 이런 사실을 모를리 없다는 생각도 든다. 이런 이상한 일이 벌어지고 있다는 사실을 확인한 것으로 만족해야겠다. 새로운 증권사에서는 이런 불법을 저지르지 않기를 바랄 뿐이다. 셀트리온 주주들이 불법 대여를 안 한다며 추천한 증권사로 옮겼으니까 믿어 볼 수밖에 없다.

2016.2.29.

세상에 공짜는 없다는 말이 있다. 이 말은 주식 시장에도 그대로 적용된다. 아무런 노력 없이 큰 수익을 얻을 수는 없다. 주식 시장을 흔히 합법적인 노름판이라고 한다. 하지만 주식은 도박과는 달리 딱히 실력이라는 게 없다. 차트 분석을 잘한다고 수익을 내는 게 아니다. 그 대신 보편적인 상식과 선악을 가려내는 안목만 있으면 수익을 거둘 수 있다. 추가로 평정심과 인내심이 있어야 한다. 주가가 폭락할 때에는 평정심이 필요하고 주가가 횡보할 때에는 인내심이 필요한데 이것은 부단히 노력함으로써 기를 수 있다. 이런 것들이 주식 시장에서 통하는 실력이라면 실력이다.

주식 투자자는 주가를 좇기만 해서는 안 된다. 대체로 주가는 회사의 가치를 실시간으로 반영하지 못하기 때문이다. 기업의 가치가 매일같이 몇 퍼센트씩 변할 리는 만무하다. 사실 주가가 변동하는 것은 소멸성 재료 때문인 경우가 많다. 주가와 기업 가치는 무관할 때가 더 많으며 흔히 말하는 적정 주가란 것도 뜬구름 같은 소리다. 기업의 가치는 눈에 보이지 않으며 칼로 무 자르듯이 측정하기가 어렵기 때문이다. 그래서 보통은 주가(시가 총액)를 토대로 기업의 가치를 추정하게 된다. 주가와 기업 가치는 연동하여 움직인다는 '개 주인과 개 이론'에 근거한 것이다. 그러나 잘 생각해 보면 주가(개)가 가치(개 주인)를 따라가는 것이지 가치가 주가를 따라가는 것이 아니라는 것을 알 것이다.

여기서 또 하나의 진리를 발견할 수 있다. 세상에 믿을 사람은 없다는 것이다. 그리고 주가도 믿을 게 못 된다. 투자자는 일단 모든 것을 의심해야 한다. 그러다 보면 그 의심을 의심하게 되는 순간이 온다. 어떤 회사를 아무리 의심하려고 해도 의심할 거리가 없는 기업, 바로 그 기업에 투자하면 된다. 물론 좋은 회사를 가려내는 안목이 필요하다. 이때 그 기업의 현재의 가치와 미래의 가치를 비교하는 혜안이 중요하다고 생각한다. 가치를 숫자로 측정할 수는 없지만 말이다. 투자자에게 필요한 자세는 자기 자신의 판단을 믿고 투자하기로 결정한 회사를 믿는 것이다.

나는 월초에 셀트리온 주가가 기업 가치와 상관없이 폭락하는 경험을 했다. 나는 그 사건을 겪고 나서 주가라는 것이 믿을 게 못 된다는 것을 뼈저리게 느꼈다. 그러고 나서 나는 진정한 셀트리온 주주가 되었다. 설령 앞으로 주가가 하한가를 기록하는 날이 오더라도 절대 흔들리지 않을 것이다.

흔히 주가는 투자 심리에 좌우된다고 한다. 따라서 현재의 주가는 현재의 기업 가치와 무관하다고 생각하는 것이 오히려 올바른 판단을 하는 데 도움이 된다. 그렇지만 먼 미래의 주가는 그때의 기업 가치를 제대로 반영할 거라는 기대를 하고서 주식 시장에 임하는 것이 투기꾼이 아닌 진정한 투자자의 마음 자세 아닐까 싶다. 내가 셀트리온에 대해 바라는 것이 바로 이것이다. 그래서 나는 장기 투자를 하고 있다.

3

2016년
3월~4월

2016. 3.

 2016.3.4.

살아오면서 주식 투자를 하면 안 된다는 얘기를 많이 들은 것 같다. 아니 나 스스로 불로소득 자체가 안 좋다고 생각했다. 근로소득만이 건전한 소득이고 그 소득의 일정 부분을 은행에 저축하는 것이 국민의 미덕이라고 생각했다. 같은 현상이나 사물에 대해 사람들은 생각이 모두 다르다. 주식도 마찬가지이다. 나는 주식의 안 좋은 면만을 본 것이고, 어떤 사람은 좋은 면만을 봤을 수도 있다. 건전한 투자자가 되려면 주식의 좋은 면과 안 좋은 면을 모두 볼 줄 알아야 한다. 일단 두 가지 면을 모두 보고 나서 투자할지 말지를 결정하면 된다.

주식의 좋은 면만을 본다는 것은 위험, 즉 손해를 볼 수 있다는 것을 전혀 감안하지 않는다는 것을 의미한다. 그 사람은 자신이 타고난 행운아라도 되는 줄 착각하고 있는 것이다. 주식 시장에서 지나친 자신감은 위험을 초래한다. 큰 수익이 있다는 것은 반대로 큰 손실도 있다는 의미이다. 이 기본적인 사실을 받아들일 수 없는 사람은 주식 투자에 입문하지 말아야 한다. 나는 절대로 손해를 보지 않을 거야 하는 본전 심리를 가진 사람은 궁극적으로 투자에서 실패할 가능성이 높다. 이런 투지보다는 오히려 겸손한 태도가 주식 투자자에게 꼭 필요한 덕목이라고 나는 생각한다.

 **2016.3.8.**

어제 이상한 보고서가 나왔다고 한다. 사실은 보고서도 아니고 '지라시'에 가깝다. 노골적으로 셀트리온을 깎아내리는 내용이 담겨 있기 때문이다. 폭락 후 요 며칠 주가가 오르고 있는데 상승세를 꺾기 위해 누군가가 급히 발간한 것으로 보인다. 어쩐지 어제 주가가 4.8%나 하락했었다. 이름도 이상한 '고스트레이븐리서치'라는 단체에서 발간했다고 한다. 아마도 실체가 없는 유령단체로 추정된다. 제대로 된 단체에서 그 이름을 걸고 그런 정신 나간 보고서를 내지는 않을 테니까 말이다. 그렇잖아도 오늘 모 투자증권사에서 그 보고서가 허위라고 논평하고, 셀트리온의 펀더멘털은 변함없다고 강조하였다. 그 보고서가 공매도 세력과 관련이 있다고 생각하는 사람이 나뿐일까?

 **2016.3.16.**

기업도 수명이 있다고들 한다. 기업은 여러 면에서 인간을 닮았

다. 기업도 나이를 먹을수록 도전 정신을 잃게 되고 위험을 회피하려고 한다. 현대의 거의 모든 거대 기업들은 신사업에 진출할 때 다른 기업을 인수하려고 한다. 그런데 항상 다른 기업을 인수하는 데 성공하지는 못한다. 인수 조건이 맞지 않아 실패할 때도 있지만, 인수 대상 기업 경영자가 처음부터 거절 의사를 표할 때도 있다.

그러나 정말 놓치기 아까운 기업이라면 한 발짝 양보하는 게 정도 경영 아닐까 싶다. 왜 굳이 경영권 인수를 원할까? 혹시 소유와 경영이 일치해야 책임 경영을 할 수 있다고 믿는 걸까? 적어도 한국에서는 소유와 경영이 일치해야 한다는 것은 불문율인 듯하다. 내가 생각할 때에는 소유와 경영이 일치하는 회사가 그렇지 않은 회사보다 그다지 효율적이지 않다. 소유와 경영이 일치해야 경영을 효과적으로 할 수 있다는 것은 고정관념일 뿐이다. 한국의 거의 모든 기업들이 소유와 경영이 일치하는 것은 정경 유착의 산물이라고 생각한다.

왜 굳이 경영권 인수를 원할까? 이 질문에 대한 내 대답은 "한국의 재벌 총수들이 황제경영을 원하기 때문에."이다. 황제경영이란 단순히 기업의 CEO에 만족하지 못하고 황제가 되어 경영을 하는 것이다. 회사 내에서 그들은 경영자가 아니라 사실상 황제이다. 그들은 단순히 돈을 위해 사업을 하지 않는다. 그래서 유망한 중소형 신생 기업에 투자만 하는 것으로는 성에 차지 않는 것이다. 셀트리온 서정진 회장은 황제경영을 하는 기업 총수에게 당당히 맞섰다. 그리고 자신의 경영권을 지키고 회사를 세계적인 기업으로 키웠다. 많은 기업인들이 그런 점을 배웠으면 좋겠다.

 **2016.3.22.**

셀트리온 경영진은 주주들과의 소통에 적극적이다. 셀트리온에는 소액 주주들이 유난히 많은데 회사 측은 이들을 많이 배려해 왔다고 한다. 물론 이 주주들은 대부분 장기 투자자들이다. 서 회장은 사업 초창기부터 자신을 믿고 투자해 준 개인들에게 감사한 마음을 가지고 있는 듯하다. 국내 기관 투자가들이 자신의 회사를 외면할 때 이들은 든든한 버팀목 노릇을 해 주었기 때문이다. 셀트리온 경영진은 2011년에 주주 간담회를 열고 주주들이 궁금해하는 사항을 모두 알려주고 각종 의혹을 불식하였다. 이 내용은 유튜브에 3시간짜리 동영상으로 올라와 있다. 솔직함이 최선의 방책이라는 말이 있다. 살아가면서 이 말이 불변의 진리이자 명언이라는 걸 새록새록 깨닫게 된다. 문제없는 조직, 문제없는 사람은 없다. 중요한 것은 그 문제를 솔직하게 시인하고 해결하려는 의지가 있다는 것을 다른 사람들에게 보여 주는 것이다. 이 점에서 셀트리온은 아주 믿을 만한 회사라고 생각한다.

2016.3.25.

난생처음 주주총회에 참석했다. 작년 11월 셀트리온에 투자한 지 4개월 만이다. 집에서 총회 장소까지 2시간 정도 걸릴 것 같아 아침 8시에 집을 나섰다. 도착하니 이미 많은 주주들이 도착한 상태였다. 회의장 안에 들어가니 자리가 꽉 차 있었고 서 있는 주주들도 많았다. 좀 더 일찍 출발할 걸 하는 후회가 밀려왔다.

1부에서는 회사 현황과 작년 성과, 향후 계획 등을 설명하는 시간이었다. 2부는 질의·응답 시간이었다. 주주들의 주된 관심사는 셀트리온 주식을 유가증권 시장(코스피)으로 이전 상장하느냐였다. 주주들은 셀트리온이 코스닥에 상장돼 있다 보니 제대로 평가를 못 받는다는 생각을 하는 것 같았다. 하지만 회사 측 답변은 아직까지는 회사 성격이 코스닥에 부합하는 것 같다는 것이었다. 그러나 장기적으로 코스피 이전 상장을 검토하겠다고 덧붙였다. 어떤 주주가 셀트리온의 파이프라인에 대해 질문을 했는데, 기우성 대표가 램시마 이후에 개발된 약들이 더 뛰어나다고 자신 있게 말하였다. 그리고 램시마가 곧 미국 판매 승인을 받으리라는 것을 힘주어 말했다. 모든 주주들이 그 말을 듣고 기뻐하였다.

오늘 주총에 참석하고 나서 회사에 대한 믿음이 더 굳건해졌다. 회사 관계자들도 모두 주주들에게 신뢰를 주기 위해 노력하는 태도를 보였다. 서 회장을 비롯한 경영진의 인상도 다 좋았다. 주총을 앞두고 각종 근거 없는 루머가 나돌았는데 이번 주총을 계기로

66   **주식은 장기 투자가 정답**이다

이런 소문들이 일소된 기분이 든다. 주총 분위기가 셀트리온처럼 화기애애한 곳은 거의 없다고 한다. 더구나 소액 주주들은 어딜 가나 찬밥 신세라고 한다. 셀트리온 주주들은 대부분 개인 주주들이기도 하거니와 장기 투자자들이 많아서 그런지 회사 측에서 예우해 주고 있는 듯했다. 어쨌든 새로운 경험을 했고 보람 있는 하루를 보냈다. 집에 돌아와서 주가를 확인해 보니 어제보다 약간 상승했다. 다음 주를 기대해 본다.

2016.3.28.

이 세상에는 정말 다양한 사람들이 살고 있다. 일정한 기준만 있으면 사람들을 분류할 수 있다. 예를 들어, 다른 사람의 말을 쉽게 믿는 사람이 있는가 하면 절대로 안 믿으려 하는 사람도 있다. 전자는 소신이 없는 사람이고 후자는 잘못된 소신을 가진 사람이다. 이 둘의 공통점은 돈을 벌기가 굉장히 어렵다는 것이다. 그러면 어떤 사람들이 돈을 버느냐 하는 문제가 나온다. 자기만의 흔들리지 않는 소신은 있어야 하지만 새로운 상황과 새로운 정보에 맞게 소신을 운용하는 사람이 돈을 벌 가능성이 있다고 생각한다. 세상은 끊임없이 변하고 있지만, 이에 휩쓸리지 않고 오히려 이를 잘 이용하는 사람이 돈을 벌 것이라는 얘기이다. 또 욕심을 기준으로 사람을 둘로 나눌 수 있으며 인내심을 기준으로도 둘로 나눌 수 있다. 결국 융통성이 있는 소신과 강한 인내심을 갖추고 큰 욕심 없는 사람이 역설적으로 돈을 번다고 생각한다. 잘은 모르지만 이런 사람의 비율은 주식 투자하는 사람 중 대략 5%는 되지 않을까 싶다.

융통성이 있다는 것의 전제는 올바른 판단력이다. 아무 때나 이리저리 줏대 없이 행동하라는 얘기가 아니다. 새로운 정보를 보고서 그것이 무엇을 의미하는지 정확하게 판단하는 능력을 갖추라는 얘기이다. 남의 말을 여과 없이 덜컥 믿는 사람은 사기당하기 딱 알맞다. 그런데 정말 좋은 정보를 알려 줘도 믿지 않으려는 사람이 있다. 그들은 다른 사람의 말이 자신의 신조에 맞지 않는다 싶으면 들으려고 하지 않고 자신의 경험을 맹신한다. 이런 사람들은 자기 눈으로 확인하지 않은 것은 절대 안 믿기에 정말 좋은 기회를 눈앞에서 놓치는 경우가 많다. 한마디로 돈 벌 팔자가 아닌 사람들이다.

2016.3.29.

램시마의 미국 FDA 시판 승인을 앞두고 어제와 반대로 상승 마감하였다. 다들 FDA 시판 승인을 낙관적으로 보고 있다는 증거인 것 같아 기분이 좋았다. 승인을 받아도 바로 판매할 수 있는 것은 아니지만 승인이라는 것이 미국 내 판매를 기정사실로 한다는 큰 의미가 있다. 그리고 아무리 늦어도 올해 안으로는 판매할 수 있을 것이다. 그런데 이번에도 주가가 승인 전에 급등했다가 승인 직후에 급락할 가능성이 전혀 없지는 않다는 느낌이 든다. 왜냐하면 승인을 받아도 곧바로 회사 매출에 반영되지는 않기 때문이다.

 **2016.3.30.**

금융위원회에서 자본시장법 시행령 개정안을 마련했다고 한다. 특정 상장사 주식의 0.5% 이상을 공매도한 개인이나 기관은 한국 거래소 시스템을 통해 개인 정보, 기관 정보를 공시해야 한다는 내용이다. 나는 현 정부가 하는 일에 신뢰가 가지 않는다. 그런데 이 개정안의 내용은 나쁘지 않다는 생각이 든다. 시행은 6월 30일부터라고 한다. 석 달 후 어떤 일이 일어날지 지켜봐야겠다. 적어도 지금보다 더 나빠지지는 않겠지…. 주가는 어제보다 약간 상승하였고 외국계 투자사가 계속 매집 중이다. 그래서 조짐이 좋다.

2016. 4.

 **2016.4.1.**

근 한 달 만에 11만 원대 종가를 회복하였다. 국내 투자사와 외국계 투자사가 모두 순매수하였다. 미국 시판 승인 전까지 과연 주가가 얼마까지 올라갈지 궁금하다. 역시 큰 기대는 하지 않는 게 좋을 것이다. 그냥 그날그날 주가를 받아들이고 올라가든 내려가든 거기에 익숙해지는 게 최선인 것 같다. 주가는 기업의 본질과는 상관없이 제멋대로 움직이니까 말이다. 그리고 보면 주가는 참 신기하면서도 재미있다. 주가는 기업의 가치를 선반영하기도 하지만 직접적으로 주가를 움직이는 것은 전체 투자자들의 투자 심리이다. 즉 주가는 모든 투자자들의 가까운 미래에 대한 현재의 기대치를 평균한 것이다. 따라서 기대치가 작은 투자자는 실망하지 않지만 큰 투자자는 실망하게 마련이다.

 **2016.4.5.**

한국 시각으로 내일 미국에서 램시마 판매 승인 여부가 결정된

다. 셀트리온 관계자뿐만 아니라 주주들 모두 승인될 것으로 기대하고 있다. 현지 언론에서도 며칠 전부터 승인될 것으로 전망했다. 주가도 많이 회복되어 승인 권고 이전 수준으로 상승하였다. 승인 권고를 받았을 때는 주가가 바로 폭락했었다. 그러나 시판 승인은 회사 실적에 한 발짝 더 다가간 사건이기 때문에 그렇지 않을 거라 확신한다. 승인은 떼 놓은 당상이니까 내일 주가가 얼마나 상승하는지만 지켜보면 된다.

2016.4.6.

오늘 같은 경우를 두고 호사다마라고 하는가 보다. 좋은 소식과 안 좋은 소식이 동시에 있었다. 좋은 소식은 램시마가 승인을 받은 것이고, 안 좋은 소식은 역시나 주가가 폭락했다는 것이다. 주가 상승을 확신했었지만, 역시나라고 한 것은 지난번처럼 호재 발표일에 폭락했기 때문이다. 이런 호재는 기업 가치 증가와 직결되는 것이다. 주식 투자를 하면서 진리 하나를 머릿속에 각인하게 되었다. "역사는 정말 반복된다!"

셀트리온 주주인 내가 이런 말을 하게 되어 정말로 씁쓸하다. 이 것은 정상적인 주가 흐름이 아니기 때문이다. 기업 가치에 영향을 미치지 못하는 소멸성 호재는 주식 시장에 차고 넘친다. 이런 소멸성 호재가 공시되면 주가가 급등했다가 폭락하는 것이 당연지사이다. 세력들은 이런 호재를 이용해 그들의 부를 늘린다. 그러나 이번 시판 승인은 소멸성 호재가 아니므로 주가가 폭락하는 것은 지극히 비상식적이다. 세력들은 올해에만도 셀트리온 주가의 급등락을 2번에 걸쳐 연출함으로써 개인 투자자들에게 패배주의를 심어 주려고 노력하고 있다. 그들은 개인들이 가진 주식을 헐값에 사들일 속셈인 것이다. 그러나 셀트리온 주주들은 그들에게 그리 만만한 상대가 아니다. 나도 그들과의 전쟁을 즐기려고 노력하면서 계속 보유할 생각이다. 그것이 셀트리온에 대한 예의이자 의리라고 생각한다.

 **2016.4.8.**

사업을 하는 것은 어렵다는 것을 잘 알고 있다. 모든 사업이 그렇지만 사람의 생명과 관련된 사업은 더 어렵다는 것을 새삼 깨달았다. 더구나 전 세계를 대상으로 사업을 하는 것은 더 말해서 뭐하랴. 제품 개발이라는 첫째 난관을 넘어도, 제품이 판매되기 위해서는 각종 법률적 문제를 해결해야 하고 영업력도 뒷받침되어야 한다. 제품을 개발하기 위해서는 최고의 기술뿐만 아니라 막대한 자금도 필요하다. 또 신뢰성 있는 임상시험을 실시하려면 충분한 노력과 시간도 들여야 한다. 이런 어렵고도 복잡한 절차를 거쳐 전 세계에 의약품을 판매할 기반을 마련한 셀트리온 임직원에게

무한한 경의를 표한다.

2016.4.14.

공매도에 대해 다시 생각해 보았다. 공매도 세력들이 유독 셀트리온에 오랫동안 붙어 있는 이유가 무엇일까? 바이오 시밀러를 개발하는 것은 바이오 신약만큼은 아니지만 성공 가능성이 대단히 낮다. 외국의 유수 제약사들도 제품 개발에 실패하는 경우가 다반사이다. 다행히 제품 개발에 성공해도 수익으로 연결되는 데 또 긴 시간이 필요하다. 공매도 세력들은 보통 인간의 약점을 이용해서 그들의 목표를 달성하는 것이다. 인간의 인내심은 한계가 있고 공포에 대단히 취약하다. 그리고 인간은 긍정적인 정보보다 부정적인 정보를 더 잘 믿는 성향이 있다. 그래서 그들은 자신들의 목표를 달성하기 위해 악성 루머도 서슴없이 퍼뜨린다.

또 다른 이유는 셀트리온이 가치주이기 때문이다. 가치는 눈에 보이지 않으며 숫자로 정확히 측정할 수도 없다. 특히 셀트리온의 기업 가치는 투명 망토에 싸여 있어서 보통 사람들은 인식조차 하기 어렵다. S 전자가 지금의 글로벌 초일류 기업이 되리라 예상했던 사람은 얼마나 있을까? 마찬가지로 셀트리온도 글로벌 초일류 기업이 될 회사지만 지금 그것을 믿는 사람은 많지 않다. 지금까지 한 번도 일어나지 않은 어떤 일이 일어나리라는 예측을 실제 그 일이 일어나기 직전까지도 신뢰하는 사람은 통계적으로 인구의 1% 정도라고 한다. 눈앞에 나타나지 않는 이상 뭔가가 존재한다는 것을 믿기가 그만큼 어렵다는 방증이다. 여전히 대부분의 사람들은 셀트리온이 투자 리스크가 큰 종목이라고만 생각한다. 그래서 셀트리온은 공매도 약발이 잘 먹힌다.

그동안 셀트리온은 성공 가도를 달려왔기 때문에 더 이상 '모 아니면 도'인 종목이 아니다. 그러나 아직도 많은 사람들이 셀트리온의 기업 가치를 제대로 보지 못하고 오로지 매매 차익을 위해 셀트리온 주식을 보유하고 있다. 이런 사람들이 바로 공매도 세력의 타깃이다. 이들은 다른 사람의 말을 듣고 투자를 하는 경우가 많으며 그래서 부화뇌동하기가 쉽다. 그들은 공포에 아주 취약하다. 그리고 소신 투자를 하지 않으며 장기 투자는 안중에도 없다. 셀트리온 종목으로 성공하기 위해서는 반드시 장기 투자를 해야 한다.

2016.4.20.

서정진 회장이 그동안 사업을 해 오면서 맞닥뜨린 가장 어려운 문제는 뭐니 뭐니 해도 자금 조달이었다. 유난히 한국인은 같은 한국인을 신뢰하지 않는 경향이 있다. 사업 초창기에 금융기관과 투자자들은 셀트리온의 사업에 대해 대단히 회의적이었다. 그래서 셀트리온에 투자하거나 대출해 주려는 곳이 없어 많은 어려움을 겪었다고 한다. 오히려 외국계 투자사들이 셀트리온의 사업성을 보고 투자했고 지금까지 이어지고 있다. 사업을 하는 데는 많은 자금이 필요하므로 대출 없이 사업을 영위하는 것은 사실상 불가능하다. 서 회장은 대출해 주려는 곳이 없자 사채업자의 문을 두드리기도 했다. 금융기관에서 대출을 받기도 했지만, 그들이 셀트리온의 사업성을 믿지 않아 궁여지책으로 자신이 가진 셀트리온 주식을 담보로 제공해 대출받은 경우가 많았다. 셀트리온의 사업성을 믿지 않는 사람들은 서 회장을 사기꾼으로 여기기도 했다.

그런데 이 주식담보대출은 많은 문제를 야기한다. 주식담보대출은 경영상 위험을 초래하기 때문이다. 주가라는 것이 변동성이 크다 보니 담보로 제공된 주식의 가치도 자연히 변동성이 커진다. 셀트리온 측에서도 항상 주가에 관심을 가질 수밖에 없었다. 공매도 세력은 이를 노렸다. 대량의 공매도를 통해 주가를 떨어뜨려 채권자인 금융기관의 대출 회수 조치를 유도한 것이다. 그러자 셀트리온 측에서는 주가 방어에 나설 수밖에 없었고 자사주를 매입하게 되었다. 그런데 검찰에서는 이것이 주가 조작에 해당한다고 보았고 서 회장은 검찰에 기소되기도 했다.

만약 셀트리온 측에서 주가 방어에 나서지 않았다면 어떻게 됐을까? 주가가 폭락해 금융기관이 대출 회수 조치를 취하면 셀트리온은 부도를 맞게 되고 경영진은 경영권을 빼앗길 수도 있게 된다. 이런 것을 볼 때 공매도 세력들의 최종 목표는 바로 셀트리온 경영권 탈취가 아닌가 의심스럽다.

셀트리온이라는 회사에 대해 끊임없이 의심을 품고 있는 안티 세력들이 주장하는 것 중에 매출 채권 문제와 창고 매출이라는 것이 있다. 사실 셀트리온은 제품 개발과 생산만 담당하고 판권은 다른 계열사가 가지고 있다. 그중 해외 판권은 셀트리온 헬스케어에서 가지고 있다. 셀트리온은 셀트리온 헬스케어에 약품을 공급하면서 채권을 받는다. 공급된 약품은 우선 셀트리온 헬스케어의 창고에 임시 보관된다. 이때 셀트리온에서는 바로 매출로 인식하지만, 그것과 동시에 약품이 수출되어 소비처에 공급되지는 않는다. 세력들은 이런 점을 물고 늘어진다. 실제로 약품이 판매(소비자에게 공급)되고 있나, 대금은 받을 수 있나 하는 의혹을 제기하는 것이다.

셀트리온 헬스케어는 비상장 회사이지만 그렇다고 해서 제멋대로 경영해도 되는 것은 아니다. 다만 상장 회사만큼 공시를 제때 하지 않을 뿐이다. 결론적으로 약품 수출도 잘되고 있으며 약품이 판매되는 만큼 셀트리온에 그 대금을 변제하고 있다. 사업 구조가 이렇기에 셀트리온 매출액과 셀트리온 헬스케어의 매출액이 다른 것이 당연한 것이다. 이로써 셀트리온 헬스케어의 창고에 재고가 매년 늘어나는 것도 충분히 설명이 가능한 것이다. 판매 여건은 갖추어졌으니 이제 팔리는 일만 남았다고 볼 수 있다. 머지않아 약품 재고량도 줄어들 것이다.

지난 주주총회에서 서 회장은 셀트리온 헬스케어를 만든 이유가 돈이 없어서라고 실토하였다. 그 한마디에 그동안 사업을 하면서 얼마나 힘들었는지 조금이나마 짐작이 갔다. 아무리 좋은 약품을 만들어도 안 팔리면 모든 것이 허사이다. 이것은 사업을 하는 모든 사람에게 적용되는 말이다. 솔직히 셀트리온의 외형을 포장하기 위해서 판매 대행 회사를 만들었다고도 볼 여지가 충분히 있다. 그러나 주주들은 안다. 서 회장이 셀트리온이라는 회사를 지키기 위해, 즉 위험 분산을 위해 셀트리온 헬스케어를 설립한 것임을. 그것은 자신을 믿어 준 주주들에 대한 보답이 아니었을까 싶다. 셀트리온에게 구세주가 있다면 그것은 외국계 투자사와 개인 투자자들이다. 서 회장은 그것을 아주 잘 알고 있는 것이다.

 **2016.4.29.**

주식 투자를 시작하면서 케이블 티브이 증권 방송을 종종 시청했다. 주식 등 경제 관련 뉴스를 전해 주기에 유용한 면이 있었다. 그런데 그 방송에서는 객관적인 뉴스만 전하는 것이 아니라 시청자들을 대상으로 자신이 가진 주식에 대한 상담을 하기도 했다. 원래 나는 자칭 주식 전문가라는 사람들이 하는 말은 믿지 않았다. 주식은 신만이 안다는데 그들도 신은 아니기 때문이다. 그들은 자신들이 한 얘기에 대해 절대로 책임지지 않는다. 시청자들이 상담하는 종목은

다양했지만 공통점은 대형 우량주는 아니라는 것이다. 그들은 자신의 감을 믿고 주로 테마주를 매수한 후 자신이 산 가격보다 오를 거라 믿으며 기다리다 지쳐 상담을 요청하는 것이다.

이런 심리를 잘 아는 이유는 나도 재미 삼아 이런 주식을 한두 번 샀다가 판 적이 있기 때문이다. 주식 하는 사람치고 이런 경험이 없는 사람은 아마도 없을 것이다. 물론 호기심에 이끌려 소액을 투입하는 것은 나쁘다고 생각하지 않는다. 나도 소액이었다. 그러나 이런 주식만을 골라 있는 돈 없는 돈 끌어모아 거기에 쏟아붓는 사람은 정말로 어리석다. 이유 없이 급등한 주식은 얼마 지나지 않아 급락한다는 영원불변의 진리를 빨리 깨닫는 것이 주식 투자에서 성공하는 지름길이라고 생각한다. 급등주를 찾아 주는 프로그램도 있다니 참으로 기가 막힌다. 방송에서 주식 상담을 해 준다는 것 자체가 단타로 주식을 하는 사람들이 많다는 방증일 것이다.

누가 뭐래도 자기 재산은 자기가 지켜야 한다. 아무도 나 대신 지켜 주지 않는다. 감에 의존해 주식을 매수했다면 팔 때도 자신의 감에 의존하는 것이 맞는다. 영 아니다 싶으면 종목 상담을 받을 게 아니라 바로 매도해야 한다. 주가가 지속적으로 떨어지는 주식에 미련을 가지는 것은 대단히 위험하다. 수익을 내지 못하면 손실이라도 최소화해야 한다. 단타로 성공한 사람들을 보면 그들은 철저히 자기 자신을 믿은 사람들이고 손절매를 잘한 사람들이다. 자기 자신을 믿지 못하는 사람은 간접 투자를 해야 한다. 내가 생각할 때에는 증권사의 애널리스트, 증권 방송사, 증권 방송에 출연하는 주식 전문가 등은 모두 개인 투자자의 적이다.

4

2016년
5월~6월

2016.5.4.

주식 전문가들은 특정 종목을 다른 사람들에게 추천해서 돈을 버는 사람들이다. 중요한 것은 그들은 주식 투자로 성공한 사람들이 아니라는 점이다. 따라서 그들이 추천하는 종목을 사더라도 성공 가능성은 낮다는 것을 직시해야 한다. 간혹 그들 중에는 자신이 주식으로 대박을 냈다고 하는 사람들이 있지만, 그것을 확인하는 것은 어렵다. 주식 전문가라는 사람들 말을 믿기 전에 이런 생각을 해 봐야 할 것이다. 만약 내가 주식 투자로 성공했다면 그 비결을 다른 사람에게 알려 주고 싶을까? 적어도 장기 투자자 중에는 그런 사람이 없을 것이다. 그들은 자신의 수익에 관심이 있지 다른 사람이 주식 투자를 하든 안 하든 관심이 없기 때문이다.

주식 전문가로 활동하는 사람들은 한때 주식 투자를 했지만 실패했을 가능성이 높다. 그들의 말을 들어 보면 절대로 장기 투자를 권하지 않는다. 자신들이 장기 투자를 해 본 적이 없기 때문이다. 따라서 그들이 추천하는 종목을 사면 그들처럼 될 가능성이 높다. 전문가가 아니더라도 주위 사람이 어떤 종목을 추천한다면 일단 그 사람에게 "당신도 그 종목을 가지고 있소?" 하고 확인부터 할 일이다.

그런데 나는 내가 가진 종목조차 섣불리 주위 사람에게 추천하지 못한다. 도덕적 책임이 생기기 때문이다. 내 말을 들은 사람이 조금이라도 손실을 보게 되면 내가 배상해 줘야 할 것만 같아서다. 그 사람이 수익을 봤다면 고작 칭찬 한마디 듣는 게 전부일 텐데 결과가 안 좋을 때 내가 치러야 할 대가는 너무나 크다. 주식 전문가들은 자신이 내뱉은 말에 책임을 지지 않으므로 그 사람들의 말에 귀 기울이지 말아야 한다.

2016.5.13.

오늘로써 셀트리온 주주가 된 지 정확히 6개월이 되었다. 그동안 구체적인 목표를 설정하지 않았는데 오늘 목표를 세웠다. 셀트리온은 얼마 전 10년 후 목표 매출액을 10조 원이라고 선포하였다. 정확히는 10년 이내에 10조 원을 달성하겠다고 발표했는데, 그에 맞춰 내 목표 주가를 100만 원으로 설정했다. 그 전에는 주식을 팔지 않을 생각이다. 셀트리온에 대해 전혀 모르는 사람들은 허황된 목표라고 할 것이다. 그러나 셀트리온의 목표 매출액이 허황된 것이 아니듯 내 목표 주가도 전혀 허황된 것이 아니다.

증시 역사를 돌아보면 단기간에 주가가 10배 성장하는 기업을 어렵지 않게 찾을 수 있다. 그러나 중요한 것은 그 오른 주가를 지켜내느냐이다. 단기간에 올라 버린 주가는 그만큼 지키기 어렵다.

단기간에 폭등한 주식은 바로 폭락하는 경우가 대부분이다. 작년에 폭등한 H 약품의 주가도 폭락 중이다. 그 제약사만큼은 아니지만, 셀트리온도 램시마 시판 승인을 앞두고 많이 올랐어도 그 주가를 지키지 못했다. 그 경험으로 나는 주가를 확실하게 떠받칠 수 있는 것은 실적밖에 없다는 것을 깨달았다. 향후 셀트리온의 실적은 꾸준히 증가할 것이며 감소할 일은 없기에 주가도 계속 올라갈 것이다. 셀트리온을 나보다 먼저 알고 더 낮은 가격에 주식을 매수한 사람들은 현재 나보다 심적으로 여유가 있을 것이다. 지금 주가가 횡보하고 있어서 내 마음이 조금 불안한 것도 사실이다. 하지만 이 불안함을 잘 다스려야 하고, 그렇게 할 수 있다고 믿는다. 10년 후에는 결국 모든 주주들이 정상에서 만나게 될 것이다.

2016.5.14.

사람들이 흔히 말하는 적정 주가에 대해 생각해 보았다. 주가는 경기선행지표라고 하며 모든 공개된 재료를 선반영한다고 한다. 그러나 성장 가능성을 무시하고 현재 실적만 가지고 적정 주가를 논하는 것은 편협한 생각이다. 기업이 항상 성장만 하는 것은 아니므로 역성장 가능성도 감안해야 한다. 사람들은 미래를 예측할 때 과거 자료를 바탕으로 추세 분석을 한다. 이런 분석은 맞을 때도 있지만 틀릴 때도 많다. 증권사의 분석 자료를 맹신해서는 안 되는 이유이다. 그들은 나중에 맞힌 예측만 부각하고 틀린 예측은 언급조차 하지 않는다. 또 주가 분석을 하는 사람들은 기업이 영속한다고 전제한다. 종합 주가 지수는 지속적으로 상승해 온 것은 사실이지만 그동안 시장에서 사라진 종목은 수없이 많다.

　결정적으로 증권사에서 내놓는 분석은 긍정적이면서도 보수적인데, 중요한 것은 틀려도 책임지지 않는다는 것이다. 그들은 수년째 적자를 내는 기업일지라도 안 좋은 의견은 최대한 자제한다. 심지어 상장 폐지가 예상되어도 그들은 절대로 그 사실을 말하지 않는다. 반면 높은 성장성을 지녔지만 실적이 눈에 띄게 증가하지 않는 기업에 대해서는 대단히 보수적이다. 그들이 가장 좋게 보는 기업은 시장이 조금씩이라도 성장하고 있는 업종에 속해 있으며 매년 꾸준한 실적을 내는 기업이다. 그런 기업은 적어도 향후 주가가 크게 떨어질 일은 없기 때문이다. 그들이 말하는 고평가, 저평가라는 것도 기업의 가치는 크게 고려하지 않고 수급과 향후 몇 년간의 예상 실적을 토대로 현재의 주가와 단기적 예상 주가를 비교해서 판단한 것이다.

　내가 그들을 신뢰하지 않는 가장 큰 이유는 그들이 어쩔 수 없는 인간이기 때문이다. 그들이 가장 두려워하는 것, 그리고 용납하지 못하는 것은 혼자 틀리는 것이다. 반면 다른 애널리스트와 함께 틀리는 것은 전혀 두려워하지 않는다. 그들도 어쩔 수 없는 인간인 것이다.

　적정 주가를 산정할 때 보통 주가 수익률이라는 것을 이용한다.

종목별로 주가 수익률을 계산해 보면 기업마다, 업종마다 다르다. 그래서 개별 기업의 적정 주가를 논할 때 업종 평균 주가 수익률을 이용한다. 그러나 개별 기업들은 시장에서 차지하는 위치가 다르고 성장 속도가 다르다는 점을 염두에 두어야 한다. 게다가 주가는 기업의 가치와는 별도로 움직인다. 기업 가치의 증가 또는 감소가 주가에 반영되는 속도는 기업별로 다르기 때문이다. 각 종목별 적정 주가 수익률이 존재할까? 그것이 존재한다면 종목별 적정 주가를 계산할 수 있다. 하지만 다들 알다시피 그런 것은 존재하지 않는다. 적정 주가를 얘기하기 전에 적정 주가 수익률을 도출할 수 있는지부터 논의해 봐야 한다. 개인 투자자들은 적정 주가라는 것이 과연 그렇게 중요한지 생각해 봐야 한다. 나아가 그것이 존재하지 않을 수도 있다는 생각에 미쳐야 한다.

주가에 영향을 미치는 요소는 대단히 많다. 적정 주가라는 개념은 그런 수많은 요소들을 다 무시한 채 단순화하여 분기별 실적이나 수급을 중시한다. 나는 시장이 항상 옳은 것은 아니지만 시장의 평가는 준엄하다는 사실을 받아들여야 한다고 생각한다. 물론 공매도가 없다면 말이다. 시장에서는 기업 가치보다는 당장의 성과에 집중한다. 그래서 주가가 기업 가치를 제대로 반영하지 못하고 있을 때가 훨씬 많다. 그러므로 투자자들은 확실한 수익을 창출할 가치에 주목해서 이를 남보다 먼저 찾아내야 한다. 어차피 현재의 주가가 적정 주가든 아니든 그 주가를 개인 투자자가 움직일 수는 없기 때문에, 현재의 주가를 적정 주가로 여기고 자신이 발견한 기업의 가치가 수익으로 시현될 때까지 기다리는 것이 속 편하다. 가치가 증가했는데도 당장 주가에 반영되지 않는다고 속 끓일 이유가 전혀 없다. 이런 태도가 올바른 투자 판단을 낳고 이어 성공적 투자를 가져오리라 생각한다. 개인적으로 높은 시장 지배력, 진입 장벽 역할을 하는 고도의 기술력, 신시장 창출 능력 등이 기업 가치를 평가하는 데 중요하다고 생각한다.

 **2016.5.16.**

투자를 하는 사람에게는 감정 조절이 중요하다. 오로지 돈만을 위해 주식 시장에 들어온 사람은 실패할 가능성이 높다. 그런 한 가지 목적만을 가진 사람들은 감정 조절을 잘하지 못하기 때문이다. 예를 들어, 해당 기업을 위해 좋은 일도 하고 잘하면 돈까지 벌 수 있다는 다소 여유로운 생각을 가진 투자자가 성공할 가능성이 높다. 이런 사람들은 신중하게 결정하고 일단 결정한 것은 좀처럼 바꾸지 않는다. 이처럼 성숙한 투자자들은 회사를 한번 믿으면 진득하게 기다릴 줄 안다. 먼저 회사가 잘돼야 주주들도 잘되기 때문이다. 이들은 동반 성장의 가치를 잘 안다. 따라서 성숙한 주주가 많은 회사가 잘될 가능성이 높은 것은 자명한 이치이다. 제일 위험한 사람은 능력이 따라 주지 않는데 욕심만 많은 사람이라고 생각한다.

 **2016.5.17.**

주식 시장에서 공매도가 판치는 것은 뚜렷한 소신 없이 막연한 기대감만으로 주식 시장에 발을 들인 개인들이 많기 때문이다. 그런 사람들은 다른 사람을 따라 하거나 하고 이리저리 몰려다닌다. 또 투자할 종목을 고르는 안목도 대단히 부족하다. 그저 적당히 종목을 골라 거기에 돈을 털어 넣는다. 그러고 나서 주가가 오르기만을 기다린다. 이는 감나무 아래에 누워 홍시가 떨어지기를 기다리는 것과 같다. 이런 사람들은 자신이 특별한 사람이며 행운의 여신이 자기편이라고 생각하는 경향이 있다. 이런 사람들이 공매도 세력의 주 타깃이다. 공매도로 주가가 떨어지기 시작하면 이런 사람들은 겁에 질려 너도나도 헐값에 주식을 던져 버린다. 어떤 사람은 한동안 얼어붙어서 떨어지는 주가만 바라보기도 한다. 이것이 바로 공매도 세력이 바라는 바이다.

따라서 공매도 세력에게 당하지 않고 자신의 재산을 지키기 위해서는 뚜렷한 소신을 가지고 투자에 임해야 한다. 투자 여부를 결정하는 데 가장 중요한 것은 기업 가치가 주가보다 높은가이다. 훌륭한 기업인데도 사람들이 관심을 두지 않는 기업을 고르면 되는 것이다. 따라서 투자를 결정한 후에도 주식을 매수하기 전에 한동안 그 기업의 주가 추이를 지켜보는 것이 좋다. 기다리다 보면 더 저렴하게 매수할 기회가 올지도 모르기 때문이다. 성급함은 투자의 최대 적이다. 그리고 일단 투자를 시작한 후에는 느긋이 지켜봐야 한다.

주식을 매수한 후 주가가 떨어지는 경우는 일상사이다. 그러나 기업 가치가 심대하게 훼손되지 않았다면 마음이 흔들려 주식을 매도해서는 안 된다. 오히려 여유 자금이 있으면 추가 매수의 기회로 삼아야 한다. 기업 가치가 훼손되지 않았으면 틀림없이 주가는 언제든 다시 오를 것이다. 투자를 처음 하는 사람들은 대형 우량주로 워밍업하는 것이 좋다는 생각이 든다. 아무래도 소형주보다는 주가가 안정적이기 때문이다.

 **2016.5.18.**

4월 초에 12만 원까지 갔던 주가가 9만 원까지 떨어졌다. 항상 나는 나 자신에게 다짐한다. 셀트리온 주가를 믿지 말고 셀트리온을 믿자고. 만약 가지고 있던 주식을 12만 원에 모두 팔았다가, 그 돈으로 오늘 다시 샀다면 주식이 많이 늘었을 것이다. 하지만 누가 그렇게 될 줄 미리 알았으랴. 그리고 내일부터는 다시 오른다는 보장도 없다. 주가는 신도 모른다고 하지 않는가. 주가 흐름을 정확히 아는 사람이 있다면 벌써 재벌이 되고도 남았을 것이다.

나는 주식을 로또라고 생각하지 않는다. 로또라고 생각했으면 주식 투자를 시작도 하지 않았을 것이다. 로또에 당첨된 사람 대부분은 패가망신하기 때문이다. 주식으로 일확천금을 모을 생각을 한다면 그것은 투자가 아니라 투기이다. 그런 사람은 망하기에 십상이다. 오늘도 마음속으로 기도해 본다. 일확천금의 꿈을 꾸지 않게 하소서.

![icon] **2016.5.20.**

램시마가 중동 지역에도 진출한다는 소식이다. 셀트리온의 램시마가 사우디아라비아 식품의약국에서 판매 허가를 받아 판매가 시작됐다고 한다. 사우디아라비아에 진출한 것을 계기로 중동의 다른 나라에도 속속 진출하기를 바란다. 램시마 등 바이오 시밀러 의약품의 최대 강점은 저렴한 약값이다. 이는 각국의 의료재정 부담을 줄여 주기 때문이다. 품질은 이미 유럽과 미국 등 선진국에서 인정한 것이기 때문에 의심할 여지가 없는 상태이다.

![icon] **2016.5.23.**

시중에는 주식 시장을 이기는 방법을 소개한다는 책이 많다. 그러나 어떤 투자자도 시장을 이길 수는 없다. 개인은 더더욱 그렇다. 대체로 그런 책들은 기술적 분석에 관해 설명하는 책이다. 그런 책들은 절대로 장기 투자에 관해 설명하지 않는다. 그런 책을

쓴 사람들은 기술적 분석을 통해 단기간에 큰 수익을 내는 것이 시장을 이기는 것이라고 생각하는 듯하다. 이론상 기술적 분석으로 주식 투자에서 성공할 확률은 50%일 것이다. 주식 시장에 기술적 분석을 통해 주식을 하는 개인들만 있다면 그럴 것이다. 그러나 주식 시장에는 개인보다 막강한 큰손들이 대거 포진해 있다. 그리고 주가에 영향을 미치는 변수가 무수히 많다. 따라서 이런 식의 단타는 성공 확률이 50%에 훨씬 못 미친다. 그런데 더 큰 문제는 인간의 탐욕이다. 결정적으로 이것이 이런 투자 행위를 실패로 몰아간다. 게다가 이런 투자 행위는 정상적인 생업 활동에 심대한 악영향을 끼친다.

그들은 장기 투자를 통해 안정적인 수익을 얻는 것에 대해 어떻게 생각할까? 아마도 장기 투자는 너무 시시하고 재미없어서 권할 만한 투자 방법이 아니라고 답할지도 모른다. 또 장기 투자는 마음만 먹으면 누구나 할 수 있는 것이므로 가르치거나 배울 수 있는 것이 아니라고 할지도 모른다. 그렇다면 나는 그들에게 묻고 싶은 것이 두 가지 있다. "당신들은 기술적 분석을 통해 얼마를 버셨나요?" "과연 당신들은 장기 투자를 한 번이라도 해 봤나요?" 이들은 책을 팔아서 돈 버는 것에 관심이 많은 사람들일 뿐이다. 로또복권을 사는 사람이 아니라 로또복권을 파는 사람이 돈을 번다는 것을 그들도 잘 아는 것이다.

 **2016.5.25.**

　셀트리온이 공장 증설 및 신설 계획을 발표했다. 램시마가 올해 미국 시장에 출시 예정이며 전세계 시장 수요가 증가할 것에 대비하고, 트룩시마 등 램시마의 뒤를 이을 의약품 생산을 위한 것이라고 한다. 램시마 하나만 보더라도 개발되고 난 후에 시판되는 데만 몇 년이 걸렸지만, 서서히 오리지널 약품 시장을 잠식해 가고 있다. 조만간 매출액이 폭발적으로 늘 거라 판단하고서 공장 증설 및 신설 결정을 내린 것이다. 회사 측의 발 빠른 대응이라 생각한다.

　포털 사이트 셀트리온 게시판에는 몇 년 전부터 셀트리온에 대해 안티 활동을 하는 사람들이 쉴 새 없이 도배를 하고 있다. 그들이 끊임없이 의혹을 제기하는 것이 램시마 재고량이 너무 많다는 것이다. 다소 많아 보이는 재고량은 매출의 폭발적 증가에 대비하기 위한 것으로 보이는데, 이들은 재고를 현재의 매출하고만 비교하고 있다. 이처럼 그들은 너무나 근시안적인 분석을 하고 있다. 매출이 폭발적으로 증가하면 이런 사람들도 자연스럽게 사라질 것으로 기대해 본다.

 **2016.5.26.**

　가끔씩 다른 사람이 내 일을 내가 하듯이 책임지고 해 주기를

바랄 때가 있다. 모든 일을 내가 혼자 다 처리할 수 없기도 하다. 사람들은 귀찮은 일을 다른 사람에게 맡기고 싶은 마음이 조금씩은 있다. 그런데 그 귀찮은 일이 정말 중요한 일이라면? 정말 중요한 일은 귀찮더라도 본인이 직접 해야만 한다. 나는 투자도 본인이 직접 해야 하는 일 중의 하나라고 생각한다. 솔직히 내가 부자가 되기를 바라는 사람은 나 말고는 없다. 고급 정보를 알려 준답시고 나에게 먼저 접근하는 사람은 항상 경계해야 한다. 노력 없이 이룰 수 있는 것은 아무것도 없다고 생각해야 한다. 공부는 하지 않으면서 공부 잘하는 친구들을 부러워하는 것만큼 무의미하고 어리석은 짓은 없다.

주식 투자를 막 시작하는 사람들은 다른 사람에게 의존하려는 습관부터 버려야 한다. 부지런히 공부해서 좋은 종목을 고르는 것이 우선이다. 간혹 동전주(주가가 싼 종목)만 찾아다니는 사람도 있는데 전혀 바람직한 행위가 아니다. 이런 일은 반드시 스스로 해야 한다. 증권 전문가나 증권회사 직원에게 무슨 종목이 좋으냐, 언제 사야 하느냐, 언제 팔아야 하느냐 하는 질문을 하는 것은 어리석은 일이다. 좋은 종목을 골라 투자한 다음에는 큰 그림만 봐야 한다. 그리고 적당히 게을러져야 한다. 수시로 사고팔고 해서는 큰 수익을 거둘 수 없다. 주식 거래 창을 열어 놓고 종일 들여다보면서 작은 호재성 또는 악재성 뉴스에 일희일비하다가는 신경쇠약에 걸리기 십상이다.

요즘 한창 유망하다는 업종은 전기 자동차, 사물 인터넷, 가상 현실, 드론, 로봇 등이다. 그래서 이와 관련된 기업을 찾아 헤매는 사람들이 있다. 그러나 그런 기업에 투자하는 것은 시기상조라고 생각한다. 아직까지 이들은 기존 전자 산업과의 경계가 불분명하고 독자성이 없다. 게다가 갈수록 전자, 정보통신 분야는 통합하고 있어서 누가 최후의 승자가 될지 예측이 전혀 불가능하다. 비록 지금 촉망받는 기업이 있다손 치더라도 그 기업의 운명이 어떻게 될지 아무도 장담하지 못한다. 더구나 전자 산업은 오래전부터 경쟁이 치열한 분야이다. 안 그래도 세계 최대의 드론 제조업체가 중국에 있다고 해서 한동안 관심이 있었다. 그러나 그 업체가 향후 10년~20년 동안 그 자리를 지킬지 확신하기 어려웠다. 더구나 중국 기업이라 더 신뢰가 가지 않았다.

반면 제약 업종은 세계적으로 소수의 기업이 독과점 체제로 시장을 지배하고 있으며 그 밖에 수많은 군소 기업이 있다. 시장을 지배하는 기업 중에 한국 기업은 단 하나도 없다. 제약 산업은 진입 장벽이 대단히 높기 때문에 오랫동안 이렇게 유지돼 왔다. 그런데 아주 용감한 기업이 한국에 생겼다. 이 기업은 겁도 없이 세계적 제약사에 도전하였다. 물론 갖은 고생을 했고 결국 성공했다. 아무도 이 기업이 성공하리라고 생각하지 않았다. 국내 기관 투자가들은 등을 돌렸고 외국계 투자 회사와 개인들만 성공 가능성을 보고 투자하였다.

  그 기업이 바로 셀트리온이다. 셀트리온이 성공하지 못할 거라 생각한 사람들은 아마도 그때 투자한 사람들을 보면서 대단히 무모하다고 생각했을 것이다. 그러나 그때 투자한 회사와 개인들은 지금까지 큰 수익을 거두었다. 사업을 하든 투자를 하든 어느 정도의 무모함은 필요하다고 생각한다. 어찌 보면 셀트리온 경영진과 투자자들은 매우 닮았다. 셀트리온의 최대 강점은 뭐니 뭐니 해도 경영진의 열정이다. 다른 사람이 전부 틀렸다고 해도 아니라고 말할 수 있는 사람이 성공한다. 투자를 하는 데도 소신이 필요하다. 투자는 다른 사람과의 싸움이 아니라 자신과의 싸움이기 때문이다. 자기와의 싸움을 하는데 굳이 사람이 많은 곳으로 갈 필요가 없다. 오히려 사람들이 많지 않은 곳으로 가야 한다. 한마디로 청개구리 정신이 필요하다. 다른 사람들이 몰려가는 곳으로 가면 내가 성공할 가능성이 낮아지게 마련이다.

  셀트리온 사업 초창기에 이 기업을 알았다면 나도 다른 대다수의 사람들처럼 셀트리온의 가능성을 의심했을 것 같다. 셀트리온의 최초 성공은 램시마가 유럽에서 시판 승인을 받은 때이다. 나는 작년 10월에 처음으로 주식 투자를 시작했고 때마침 셀트리온에 대해 알게 돼 너무 늦지 않은 시점에 셀트리온 주주가 되었다. 물론 지금도 늦지 않았지만 말이다. 셀트리온에서 개발하고 있거나 개발한 약 중 시판 중인 것은 램시마 하나뿐이다. 셀트리온은 아직도 시작 단계이다. 그래서 나도 기회 있을 때마다 주식 수를 조금씩 늘려 가고 있다. 셀트리온에 관한 한 투자의 적기라는 것은 없다. 각자 자신의 판단에 책임질 준비가 됐을 때가 바로 투자의 적기이다.

 **2016.5.29.**

미래창조과학부 장관이 드디어 셀트리온 공장을 방문했다고 한다. 작년까지 정부에서는 셀트리온에 대해 호의적이지 않았다. 오히려 후발 주자인 SB 회사를 더 챙겨 주는 분위기였다. 심지어 올해 램시마가 미국 FDA에서 시판 승인을 받았을 때에도 정부에서는 아무런 관심을 보이지 않았다. 셀트리온이 제대로 사고를 쳤는데도 말이다. 그런데 그 후 경제부총리에 이어 미래창조과학부 장관까지 셀트리온을 방문한 것이다. 지금에야 정부에서 셀트리온을 인정해 주는 듯하다. 늦었지만 정말 다행한 일이다.

2016.5.31.

나는 개인들이 주식으로 돈을 벌 방법은 장기 투자밖에 없다고 확신한다. 그런데 이것이 쉬운 일은 아니다. 장기 투자를 하려면 인내심, 평정심, 미래를 내다보는 혜안 등이 있어야 하기 때문이다.

사실 주식이 아니더라도 재산 증식에 앞서 갖춰야 할 기본자세는 인내심이다. 하지만 예금이나 보험 등의 장기 금융 상품에 가입한 후 중도 해약하는 사람이 많은 것을 보면 인내심을 갖춘 사람은 그리 많지 않은 듯하다. 특히 주식 시장에 들어오는 사람들은 인내심이 더욱 부족한 것 같다. 주식 시장에는 일확천금을 노리는 사람들이 유난히 많다. 그런 사람들은 큰 수익을 거두기 어려우며 오히려 위험에 빠지기에 십상이다. 나는 이 인내심이 재산 증식의 성패를 가름한다고 생각한다. 그러므로 도박을 좋아하는 사람은 재테크를 아예 하지 않는 것이 좋다.

그다음으로 장기 투자를 하는 데는 평정심이 필요하다. 주가는 연일 살아 있는 생명체처럼 오르락내리락한다. 그것을 쳐다보고 있으면 누구나 현기증이 나고 마음이 흔들리는 것을 경험한다. 주가 변동을 눈으로 열심히 쫓는다고 해서 달라지는 것은 하나도 없으므로 쓸데없는 짓이다. 그럴 시간에 자신의 본업을 충실히 하는 것이 바람직한 자세이다. 장기 투자를 하려면 나무를 보지 말고 숲을 봐야 한다. 장기적 주가 흐름을 살펴야지 단기적 주가 흐름에 정신을 빼앗겨서는 안 된다.

마지막으로 미래를 내다보는 혜안이 필요하다. 아무 종목에나 돈을 묻어 둔다고 수익이 나는 것이 절대로 아니다. 좋은 종목을 골라 거기에 돈을 묻어야 한다. 좋은 종목이란 좋은 기업의 주식인데, 더 정확히 말하면 실적이 지금보다 많이 좋아질 기업의 주식을 가리킨다. 지금은 그리 좋아 보이지 않지만 엄청난 잠재 가치를 지닌 기업을 골라내야 한다. 대다수 사람들이 인지하지 못할 때 그 기업의 주식을 선점해야 한다. 대다수 사람들이 좋다고 생각하면 이미 주가가 많이 올라 있을 것이기 때문이다. 누가 봐도 좋은 기업은 이미 좋은 투자 대상이 아닌 것이다. 가치를 투명 망토 안에 꼭꼭 숨기고 있는 기업이 좋은 투자 대상이다.

개인적으로 높은 시장 지배력, 진입 장벽 역할을 하는 고도의 기술력, 신시장 창출 능력 등이 기업 가치를 평가하는 데 중요하다고 생각한다. 이런 조건을 모두 갖춘 기업은 한국에는 많지 않다고 생각한다. 개인적으로 셀트리온 말고는 믿음이 가는 회사가 없다. 찾아보면 셀트리온 같은 회사가 있을지도 모른다. 그러나 일단 그러기가 싫다. 귀찮은 일이기도 하다. 셀트리온이 나를 실망시키지 않으면 투자를 지속할 생각이다. 부디 셀트리온이 나를 실망시키는 일이 없기를 바란다.

2016. 6.

 **2016.6.1.**

드디어 6월이 왔다. 이번 달 말일부터 공매도 공시법이 시행된다. 이 법으로 공매도가 없어지지는 않겠지만 그래도 줄어들지 않을까 기대해 본다. 주식 공매 제도는 주가가 하락할 때에도 외국인이나 기관투자가들이 수익을 낼 수 있도록 허용한 제도이다. 물론 개인에게는 그림의 떡이다. 한마디로 이 땅의 정부는 선량한 개인을 위한 정부가 아닌 것이다. 정부가 내세운 취지는 좋다. 그런데 기관투자가들이 이 제도를 악용하기 때문에 이 제도의 취지가 무색하다. 이 제도가 주가 조작을 하는 데 악용되기 때문이다.

세력들은 이 공매도 제도를 이용해 주가가 올라도 내려도 돈을 벌 수 있다. 그들에게 주식 시장은 사실상 승률 100%의 돈놀이판이다. 그들은 주식 시장에서 아무런 위험 없이 손쉽게 돈을 벌수 있다. 한마디로 땅 짚고 헤엄치는 일과 비슷하다. 주식 시장은 제로섬의 법칙이 적용된다. 그들이 이익을 보면 반드시 손해를 보게 되는 사람들이 있다. 그들이 버는 돈은 어디에서 나왔을까? 바로 수많은 개인들의 주머니에서 나온 것이다. 참으로 세상은 불공평하다는 생각이 든다. 각설하고 셀트리온 주식이 제대로 평가받는 날이 빨리 왔으면 좋겠다.

 **2016.6.3.**

셀트리온 주주들이 공매도 폐지를 촉구하는 광고를 위해 주주
들 대상으로 모금 운동을 벌이고 있다. 참여하는 것도 전적으로
주주 자율이며 기부 금액도 자율이다. 다만 주식 수량이 많은 주
주들이 더 많이 내도록 가이드라인이 제시돼 있다. 나는 보유 주
식 수가 500주 미만이어서 1만 원을 송금하였다. 물론 주주들이
이런 일에 나서는 것이 바람직하지 않을 수도 있다. 그러나 힘없는
자들이 강한 자들에게 당하는 것은 잘못된 일이며 나도 앉아서
당하기만 하는 것은 싫기에 모금 운동에 동참한 것이다. 모금 운
동을 통해 당장 어떤 효과를 기대하기는 힘들다고 생각한다. 다만
이런 운동이 다른 종목 주주들에게까지 확산되었으면 좋겠다. 모
금된 기금을 관리하는 주주들이 좋은 일에 쓰기를 기대한다.

2016.6.4.

부동산 시장에 기획 부동산이 있다면 증권 시장에는 테마주가
있다. 나도 테마주를 몇 주 가지고 있다. 하지만 수익을 기대하지

는 않는다. 그냥 재미 삼아 보유하고 있다. 주가를 결정하는 제일 요소는 기업 실적이다. 그래서 분기별 실적 발표를 앞두고 주가가 요동치기도 한다. 제자리에 있지 않았던 주가가 이때를 계기로 제자리를 찾아간다고 할 수 있다. 그런데 테마주 주가는 기업 실적과 별 관련 없이 움직인다. 이런 주식은 정치적 이슈 등 한시적이며 실체 없는 기대감 때문에 주가가 변동하기 때문에 이런 종목은 무시하는 것이 좋다. 당연히 이슈나 테마가 소멸하면 주가도 폭락하게 된다. 따라서 테마주는 장기 투자를 하면 안 되고 많은 돈을 투입해서도 안 된다. 수익이 조금이라도 났으면 얼른 빠져나오는 것이 상책이다. 재미로 소량 보유하는 것은 나쁘지 않지만 투자 목적으로 보유하는 것은 바람직하지 않다.

한편 정부 정책의 수혜를 입는 기업의 주가가 갑자기 오르기도 한다. 그런데 정부 정책도 장기적 안목으로 추진하는 것이 아니라 임기 내 종결될 사업으로 추진한다면 큰 기대를 하지 않는 것이 좋다. 해당 기업이 자립 능력을 갖추지 못한 상태에서 정부가 바뀌면 지원이 중단될 가능성이 높기 때문이다. 정부 지원이라는 달콤한 꿀물에 의존하다 보면 해당 기업은 나태해지고 생존 능력을 키우지 못하기에 십상이다. 그래서 그런 기업은 지속 가능성이 낮다고 볼 수밖에 없다. 사실 경제는 시장에 맡기는 것이 가장 좋다. 경제 문제를 해결하는 데 정치 논리가 개입해서는 안 된다. 정말 좋은 투자 대상이란 시장을 개척하고 진입해서 점유율을 높여 나가는 등의 기업 활동을 정부의 도움 없이 스스로 하는 회사라고 생각한다.

2016.6.7.

　어떤 분야에서든 즐기는 사람을 당할 자는 없다고 한다. 주식 투자도 즐기는 사람이 승리하게 마련이다. 주식 투자를 즐기려면 마음의 여유가 있어야 한다. 조급함을 떨쳐내야 한다. 그러기 위해서는 여유 자금으로 해야 한다. 남의 돈을 빌려서 하면 조급해질 수밖에 없다. 사업이란 것도 남의 자금을 대량으로 빌려 와서 하다 보면 심적 압박을 받게 된다. 개인들이 신용 거래나 주식 담보 대출을 받으면 큰손들은 그런 사실을 감지하게 된다. 신용 거래나 주식 담보 대출이 많아지면 개인들이 증시에 많이 들어왔다는 뜻이므로 큰손들은 개인들을 제물로 삼기 시작한다. 개인들을 공포의 도가니에 빠뜨려 투매를 유도하는 전략을 사용하는 것이다. 그렇게 그들은 개인이 투매한 주식을 싼값에 사들인다.

　개인들이 신용 거래나 주식 담보 대출을 사용하는 전략에 대해 큰손들은 훤히 꿰뚫고 있다. 그러므로 이것은 전략이 아닌 것이다. 이런 수단을 사용하는 개인은 탐욕으로 똘똘 뭉친 사람들이며 투자에서 이미 실패한 것이나 다름없다. 탐욕과 조급함은 반드시 투자 실패로 귀결되므로 개인들은 이를 멀리해야 한다. 그리고 자신의 여윳돈으로 투자해야 하며 투자를 즐겨야 한다.

2016.6.8.

6월 들어 좋은 소식이 계속 들리고 있다. 장신재 셀트리온 연구개발본부장이 미국 샌프란시스코에서 열리고 있는 2016 바이오 인터내셔널 컨벤션에 참석 중인데, 참석한 외국인들에게서 램시마가 항체 바이오 시밀러 중에서 가장 먼저 승인을 받은 것은 역사적 사건이라는 평을 많이 듣고 있다고 한다. 이처럼 셀트리온의 기술력이 세계적으로 인정받고 있는 것이다. 셀트리온의 10년 후 모습이 정말 기대된다.

2016.6.9.

대기업 집단 지정 기준이 개정될 예정이라고 한다. 기준이 개정되면 일단 셀트리온은 대기업 집단에서 제외된다. 대기업 집단으로 지정되면 명목상 여러 규제를 받게 된다. 그런데 단순히 자산 규모만 가지고 대기업이냐 아니냐 판단하는 것은 문제가 있다고 생각한다. 새로운 먹거리를 개척하는 회사는 혜택을 주고 다른 중소기업의 먹거리를 빼앗으려는 회사는 마땅히 불이익을 주어야 할 것이다.

뭐니 뭐니 해도 가장 바라는 것은 램시마의 미국 시판이다. 빨리 시판이 시작되어야 올해 매출이 증가해 주가에 좋은 영향을 미칠 것이기 때문이다. 6월 말에 공매도 공시법이 시행된다고 하니 주가 상승에 좋을 것으로 기대한다. 공매도 공시법이 시행되면 불공정한 주가 조작 행위가 지금보다 줄어들 것이다. 물론 셀트리온 주가가 제자리를 찾아가려면 셀트리온이 매출 등 실적을 지금보다 투명하게 공개하는 것이 급선무이다.

2016.6.10.

셀트리온이 영국 런던에서 개최되는 유럽류머티즘학회에서 항체 바이오 시밀러인 트룩시마의 임상 연구 결과를 발표했다고 한다. 이 약품도 오리지널 약품과 비교해 약효와 안전성 면에서 대단히 유사했다고 한다. 트룩시마는 유럽 시판 허가를 신청해 놓은 상태인데 이번에 좋은 연구 결과가 나온 것이다. 이처럼 셀트리온은 램시마뿐만 아니라 여러 바이오 시밀러 의약품을 개발하여 임상을 진행 중이다. 앞으로도 계속 좋은 소식이 들려오기를 기대한다.

2016.6.13.

주가는 신도 모른다는 말은 정말 사실이다. 공매도 공시제 시행을 앞두고 있어 조금씩이라도 상승할 것을 기대했는데, 여지없이 그 예상은 빗나갔다. 이처럼 종잡을 수 없는 게 주가이다. 차라리 주가가 급락하면 추가로 매수하겠는데, 찔끔찔끔 올랐다 내렸다 하는 장세이다 보니 매수하는 것이 망설여진다. 하지만 다음 달부터 조금씩 달라지리라 기대해 본다.

미국 FDA 자문위원회에서 램시마 시판 승인을 권고하는 결정을 내린 날 폭락하더니 지금까지 지루한 박스권 장세다. 정말로 정상적인 주가 흐름이라고 볼 수 없다. 다른 셀트리온 주주들도 그렇게 느끼겠지만, 셀트리온 주가를 맘대로 주무르는 세력들에게 내 주식을 절대로 넘기고 싶지 않다. 왜냐하면 셀트리온은 앞으로 한국을 먹여 살릴 기업이기 때문이다.

 **2016.6.15.**

흔히 주식 고평가, 저평가를 따지는 사람들은 적정 주가라는 개념을 인용한다. 그러나 나는 적정 주가라는 개념은 존재하지 않는다고 생각한다. 업종별로 평균 주가 수익률이 모두 다르기 때문에 적정한 주가 수익률을 논하는 것은 무의미하다. 그리고 주가를 결정하는 변수가 너무 많기 때문에 적정 주가를 산정하는 것은 불가능하다. 다만 장기 투자를 하는 사람들은 충분한 시간이 흐른 후 미래의 어느 시기에 주가가 제자리를 찾아가리라고 기대할 뿐이다. 성장 가능성이 무한한 기업은 미래 잠재 가치에 걸맞게 주가가

미리 상승하는 경우가 많은데 이때 주가가 거품이라고 주장하는 것은 잘못된 생각이다.

오늘 셀트리온 5월 수출액이 830억 원이라는 소식이 게시판에 올라왔다. 한마디로 입이 떡 벌어지는 수치다. 올해 미국 제약사 화이자에 첫 수출을 하게 되는데, 그 금액까지 감안하면 올해 수출 1조 원 달성이 전혀 근거 없는 소리가 아닌 셈이다. 다만 주가는 비정상적이어서 실적 기대치를 제대로 반영하지 못하고 있다. 주주인 내가 할 수 있는 일은 주가가 제자리를 찾아갈 때까지 진득하게 기다리는 것뿐이다.

이처럼 셀트리온이라는 회사는 모든 것이 계획대로 착착 진행되고 있다는 것을 아는 사람은 다 안다. 그러나 그것을 부인하는 사람에게 믿으라고 강요할 수도 없고, 굳이 그러고 싶지도 않다. 에너지 낭비일 뿐이다. 모두들 자기가 보고 싶은 것만 보고, 믿고 싶은 것만 믿는 것을 내가 어찌하겠는가.

2016.6.16.

장기 투자는 확신과 불안함, 걱정, 그리고 지루함이 수시로 교차하는 과정이다. 차라리 인터넷이 안 되는 곳으로 가서 주식을 잊고서 살고 싶은 생각도 있다. 주가 움직임을 보면 반복되는 패턴이 존재하기도 하지만, 늘 그렇지는 않다. 그래서 과거 주가 흐름에 기초한 단기 투자는 위험하다. 단기 투자를 하는 사람들은 본능에 아주 충실한 사람들이다. 지루함과 불안함을 회피하는 것은 인간의 본능이기 때문이다. 물론 빨리 돈을 벌고 싶기 때문일 것이다.

어떤 사람은 한 종목으로 단기 투자와 장기 투자를 병행한다고 하는데 그게 얼마나 잘될지는 미지수이다. 단기 투자와 장기 투자를 병행하는 것은 지루함을 덜기 위한 것으로밖에 보이지 않는다. 생각대로만 된다면야 장기 투자만 하는 것보다 유리하겠지만, 어디 주식이 사람 마음대로 되는 것인가. 증시 격언이랍시고 주식과 사랑에 빠지지 말라는 말도 있는데, 누가 만들어 냈는지 짐작이 간다. 사람들이 단기 투자를 하면 가장 유리한 쪽은 바로 증권회사이다.

2016.6.17.

주가가 이번 주 내내 떨어지기만 했다. 주가가 비정상적으로 움직일수록 내 주식을 절대로 팔아서는 안 되겠다는 생각이 강해진다. 셀트리온 개인 주주가 대략 10만 명이라고 한다. 모든 주주들이 단합해야 공매도 세력과의 전쟁에서 승리할 수 있을 것이다. 나 혼자 살겠다고 수시로 매도와 매수를 반복하는 것은 주가 상승을 막을 뿐만 아니라 셀트리온에 대한 경영권 위협이 되고 나아가 투자 실패를 야기할 수도 있다.

셀트리온 개인 주주들이 모금한 돈이 약 1억 원 정도 된다고 한다. 이 돈으로 공매 세력과 싸우기 위해 광고도 하고 변호사도 선임할 예정이라고 한다. 모쪼록 소기의 성과가 달성되기를 바란다. 물론 이번 한 번으로 전쟁이 끝나지 않으리라는 걸 잘 안다. 셀트리온이 10년 후에 매출 10조 원을 달성하여 글로벌 기업으로 성장해도 안 끝날지 모른다. 누가 전쟁에서 이길지 모르지만 내가 해야 할 몫은 다해야 한다는 생각이 든다. 누가 전쟁을 일으켰든 누가 승리할 가능성이 높든 살려는 의지가 있는 사람이라면 앞에 있는 적군을 격파해야 한다.

2016.6.20.

드디어 셀트리온 주주들이 성금을 모아 만든 광고가 일간지에 실렸다. 나는 신문을 사 보지는 못했는데 누군가가 광고를 캡처해 주식 게시판에 올려놓았다. 광고는 전면광고로 제작되었는데 깨알 같은 글씨로 채워져 있었다. 주요 내용은 주식 시장의 불합리한 점 개선 요구, 셀트리온 주가를 조작하는 세력에 대한 수사 촉구였다.

누가 봐도 개인들은 주식 시장에서 약자이다. 그러나 개인도 주식 시장에서 당당하게 수익을 얻을 권리가 있다고 생각한다. 주가의 변동성이 클 때에는 항상 주가 조작의 개연성이 있는 것이다. 이런 경우 피해를 보는 쪽은 항상 개인이다. 너무나 당연한 말이지만 정부는 약자의 편에 서 있어야 한다. 강자의 편에 선 정부는 없는 게 더 낫다.

이번 광고는 셀트리온 개인 투자자 권리를 찾기 위한 운동의 신호탄이다. 사실 이 운동은 셀트리온에 장기 투자하는 사람들이 주도하는 것이지만, 모든 셀트리온 개인 주주, 나아가 모든 개인 투자자들을 보호하기 위한 목적을 띠고 있다. 광고 덕분인지 셀트리온 주가가 약간 상승하였다.

2016.6.22.

셀트리온이 램시마 판매 계약 체결 공시를 냈다. 계약 상대는 셀트리온 헬스케어이며 규모는 1,445억 원이었다. 이번에 새로 알게 된 사실이 있다. 미국 내 램시마 판매를 담당하는 화이자와 공급 계약을 체결할 당사자는 셀트리온이 아니라 셀트리온 헬스케어라는 사실이다. 셀트리온이 셀트리온 헬스케어에, 그리고 셀트리온 헬스케어가 화이자에 제품을 공급하는 식이다. 따라서 셀트리온 헬스케어가 상장되기 전에는 화이자와의 계약 내용을 구체적으로 알기는 어렵다고 한다. 유럽에서는 올해 2분기 램시마의 시장 점유율이 30%에 이르고 있다. 대단히 빠른 성장을 하고 있는 것이다. 램시마가 미국에서도 판매가 시작되어 빠른 속도로 시장 점유율이 상승하면, 창고 매출 논란도 자연스럽게 사그라질 거라 생각한다.

지난주부터 셀트리온 주식을 매일 한 주씩 사 모으고 있다. 내가 셀트리온을 위해 할 수 있는 일은 여유 있을 때마다 매수하는 것이라고 생각한다. 최초 투자가 나무를 심는 일이라면, 추가 투자는 나무에 물과 거름을 주는 일에 비유할 수 있다. 주가는 저절로 오르는 것이 아니다. 주주와 회사가 힘을 모아 꾸준히 관리해야 오른다. 투자자들에게 외면받으면 절대로 오르지 못한다. 그리고 주식 공매도, 이것이 폐지되어야 한다. 이것은 가진 자의 탐욕을 채우기 위해 정부가 허가한 제도이기 때문이다.

2016.6.24.

코스피, 코스닥 모두 폭락했다. 영국이 EU에서 탈퇴할 것인지를 국민투표로 결정하기로 했는데, 개표 결과 탈퇴를 원하는 국민이 더 많았다고 한다. 주가가 오른 종목을 찾기 어려울 정도의 대참사였다. 영국이 EU를 탈퇴하는 일이 과연 이토록 악재일까? 주가를 조작하는 세력들은 호재를 악재도 만들거나, 악재가 아닌 것을 악재로 둔갑시키는 능력이 탁월한가 보다. 세계 각국의 주식 시장을 안방처럼 드나드는 대규모 자본은 분명 전 세계 단일화를 지지할 것이다. 영국이 EU에서 탈퇴하는 것은 이것에 대한 저항이다. 따라서 대규모 자본을 운용하는 세력들은 전 세계 증시에서 그에 대한 보복을 한 것이라고 나는 확신한다.

그 덕분에 나는 주식을 염가에 추가 매수했다. 공포를 느낀 개인들은 틀림없이 투매했을 것이고 세력들은 달콤하게 받아먹었을 것이다. 그들은 위기를 만들고 그 위기를 기회로 만든다. 나도 그들처럼 그 위기를 기회로 이용했다. 주식 시장은 자기 자신과의 싸움터이지만, 다른 사람들과의 경쟁에서도 이겨야 한다. 다른 사람을 이기는 방법은 바로 다른 사람과 반대로 행동하는 것이다. 주가가 폭락하면 대다수의 사람들은 공포를 느끼고 정신을 잃지만, 소수의 사람들은 공포를 느끼지 않고 반대로 행동한다. 당연히 후자의 사람들이 승리자이다. 이유 없이 주가가 하락하는 날은 주식을 파는 날이 아니라 사는 날이다. 며칠 내로 반드시 제자리로 돌아가게 돼 있기 때문이다.

영국이 EU를 탈퇴하더라도 셀트리온에 미치는 영향력은 거의 없다. 오히려 세계 각국 정부의 의료재정 부담이 증가함에 따라 저렴한 의약품에 대한 수요는 증가할 것이다. 호재든 악재든 대부분의 재료는 곧 소멸된다. 오늘 떨어진 주가만큼 다음 주에 다시 상승할 것이다. 회사의 근본 가치에 이상이 없는 한 진정한 투자자들의 마음은 흔들리지 않는다.

 2016.6.27.

내 예상대로 주가가 오늘은 조금 상승했다. 설사 브렉시트가 위

기를 초래할지는 모르지만, 막말로 그것이 지구의 종말을 가져오는 것은 아니다. 따라서 브렉시트 자체가 문제가 아니라 브렉시트를 이용해서 힘없는 개인 투자자 돈을 갈취하는 세력들이 문제이다. 이 위기를 계기로 또 한 번 주식 시장에서 옥석이 가려지리라 믿는다. 위기 없이는 사람이나 기업이나 성장할 수 없다. 그러므로 위기가 곧 기회라는 말은 맞는 말이다.

이 와중에도 호재가 나왔다. 셀트리온에서는 바이오 신약을 개발 중인데 글로벌 임상시험을 실시할 예정이라고 발표했다. 다른 기업에게는 이런 것들이 호재이겠지만 셀트리온에게는 너무나 사소한 뉴스거리 정도이다. 주가가 오른 것도 이것 때문이 아니다. 지난 금요일 폭락한 것에 대한 반등이다. 아직도 시장에는 셀트리온을 신뢰하지 못하는 사람들이 많은 듯하다. 그러한 사실이 셀트리온 주주들에게는 전혀 문제가 되지 않는다. 언젠가는 사람들이 믿을 것이고 또 믿을 수밖에 없다. 그때가 언제인지도 중요치 않다. 셀트리온의 가능성을 믿고 하루라도 먼저 투자한 사람은 언젠가 결실을 볼 것이다.

주식 시장에서 제일 위험한 것은 역시 단기간에 큰 수익을 얻으려는 탐욕이다. 언제나 큰 수익은 오랫동안 회사를 믿어 온 투자자들에게 돌아가는 법이다. 물론 셀트리온이 반드시 성공한다는 보장은 없다. 그러나 적어도 그렇게 되려고 최선을 다할 기업이라는 것은 확실하다. 셀트리온에 투자하는 이유는 그것 하나로 족하다. 100% 신뢰할 기업은 없다고 생각한다. 모든 사람이 셀트리온을 좋은 기업이라고 여길 때 투자를 시작하는 것은 늦다.

2016.6.29.

내일부터 공매도 공시제도가 시행된다. 개인 주주들은 여기에 희망을 걸고 있다. 누가 봐도 공매도는 가진 자들을 위한 제도이다. 이를 이용해 가진 자들은 주가가 오르든 내리든 안정적으로 수익을 거둘 수 있다. 양면작전을 구사하는 것이다. 공매도가 있음으로써 주가는 변동성이 커지고 그에 따라 선량한 피해자가 생길 수밖에 없다. 또 장기 투자를 하는 개인에게도 피해를 준다. 각자가 목표하는 주가에 도달하는 데 걸리는 시간이 늘어날 것이기 때문이다.

올해 들어서만도 셀트리온 주가가 폭락한 경우가 2번이나 있다. 이런 일은 공매도 때문인 것이 분명하다. 그들은 이런 폭락 장세를 연출하여 떼돈을 번다. 따라서 셀트리온 종목으로 단기 매매를 하는 것은 너무 위험하다. 잘못하면 한 방에 모든 재산을 날릴 수 있다. 세력과 개인 간에 정보 비대칭이 존재하기 때문에 주식 시장은 기본적으로 불공정하다. 체급이 다른 사람끼리 격투기를 벌이는 것과 흡사하다. 몸집이 작은 사람이 아무리 자신감에 불타 경기에 임하더라도 승패는 이미 결정돼 있는 것이다.

그래서 한 회사 주식을 오랫동안 보유하려면 꾸준한 자기최면이 필요하다. 단타를 하고 싶은 유혹이 수시로 생기기 때문이다. 개인은 투기가 아닌 투자를 해야 그나마 승산이 있다. 좋은 종목을 골라서 적어도 10년 보유해야 만족스러운 결과를 얻을 수 있다. 내가 셀트리온에 투자하는 것은 셀트리온이 시가 총액 기준으로 S 전자의 가치를 뛰어넘을 유일한 후보라고 생각하기 때문이다. S 전자는 1998년 3만 원대에서 2012년 150만 원대로 상승한 바가 있다. 그러므로 셀트리온 주식도 10~15년 정도 보유하면 큰 수익을 얻을 거라 기대한다. 미국의 어느 바이오 제약사도 약품 하나로 주가가 수직 상승한 전례가 있다고 한다.

5

2016년
7월~**8**월

2016. 7.

 **2016.7.1.**

이번 주는 주가가 내내 상승하기만 했다. 좀처럼 보기 드문 일이다. 일단 브렉시트의 영향은 미미한 것으로 드러났다. 예상은 했지만 정말 다행한 일이다. 이번 브렉시트 건은 사실 악재가 아니다. 주가를 조작하는 세력들이 악재로 만들어 보려다가 실패한 사건이라고 볼 수 있다. 내가 보기에 브렉시트의 최대 피해국은 영국이다. 세계화가 좋든 나쁘든 전 세계가 동참하고 있기 때문에 이에 반기를 드는 나라는 피해를 볼 수밖에 없다.

 **2016.7.4.**

공매도 폐지를 요구하는 셀트리온 주주 광고 2탄이 오늘 자 신문에 실렸다. 공매도의 순기능을 부르짖는 사람들도 있다. 여전히 저렴한 가격에 셀트리온 주식을 매수할 수 있다는 것이다. 그러나 그것은 공매도의 외부효과이다. 그리고 나를 포함한 주주들은 그런 외부효과 없어도 좋으니 공매도 폐지를 원한다. 주가가 지지부

진한 것을 보면서 추가로 매수하는 것이 그다지 유쾌한 일은 아니기 때문이다.

셀트리온 주주들은 공매도 공시제도로 공매도와 대차거래가 많은 증권사가 밝혀지면 해당 증권사에 보복 조치를 할 예정이다. 해당 증권사 계좌 해지와 불매운동을 하기로 한 것이다. 건전한 자본 시장을 육성하기 위해서는 주식 시장이 투기판이 아니라 투자의 장이 되어야 한다. 따라서 정부에게는 주식 시장에 투자하는 개인들을 보호하는 데 최선을 다해야 할 의무가 있다. 모든 국민의 목소리에 귀를 기울이고 약자들을 보호하는 데 앞장서지 않는 정부는 불필요하다고 생각한다.

 **2016.7.5.**

공매도 공시제가 6월 30일 자로 실시되었는데 실제 공시는 오늘 있었다. 그런데 주먹구구 공시였다. 한마디로 시늉만 낸 것이다. 여전히 공매도의 주체는 안갯속이다. 셀트리온 주주들은 앞으로도 공매도 폐지 운동을 벌여 나갈 계획이다.

2016.7.6.

코스피, 코스닥 할 것 없이 대규모 주가 조정이 있었다. 주식 게시판에서는 안티들이 주가가 떨어지는 이유가 공매도 공시제의 역기능이 작용한 때문이라고 헛소리를 해 댔다. 내 관심사는 어제 달성한 종가 10만 원을 지켜 낼 것인가였는데, 그렇지 못했다. 그러나 이것은 7일 연속 상승에 따른 당연한 조정이라고 봐야 한다.

한편 브렉시트 재료가 아직 완전히 소멸되지 않았다. 세력들은 브렉시트를 이용해 거금을 손에 쥘 계획이었으나 아직 그 목적을 달성하지 못한 듯하다. 분명한 것은 그들은 쉽게 포기하지 않는다는 것이다. 물론 나처럼 장기 투자를 하는 사람들에게는 주가 폭락은 저가 매수의 기회일 뿐이다. 셀트리온 주가가 아직까지 저렴한 것도, 내가 더 좋은 조건으로 셀트리온 주식을 매수하고 있는 것도 공매도에 의한 주가 상승 억제 덕분이다. 그러나 공매도 세력들에게 고마움을 표시하고 싶은 생각은 전혀 없다. 단지 나는 그들을 이용할 뿐이다. 그들이 주식 시장을 돈벌이 수단으로 이용하듯이 나도 그들을 이용할 것이다.

2016.7.7.

사소한 감정 변화는 무시해야만 주식 투자에 성공할 수 있다고 누군가가 말했다. 주식 시장에서는 냉철함이 필요하다. 그리고 두뇌 회전이 빠른 사람보다는 엉덩이가 무거운 사람이 성공한다. 뚝심 또는 진득함은 사업을 하는 사람에게뿐만 아니라 주식 투자자에게도 꼭 필요한 요건이다.

2016.7.8.

매일매일 주가의 등락을 지켜보면서 인간의 변덕은 참 변화무쌍하다는 것을 느낀다. 그리고 인간의 감정은 쉽게 전염된다. 즐거운 감정이나 공포나 매한가지다. 이런 사실은 인간이 사회적 동물이라는 증거이다. 그런데 다른 사람의 감정에 쉽게 전염되는 사람은 절대로 돈을 벌지 못한다. 그래서 다른 사람의 감정에 전염되지 않으려고 노력 중이다.

2016.7.10.

순진한 사람은 다른 사람의 말을 쉽게 믿는다고들 한다. 순진한 사람의 특징은 세상 물정에 어둡다는 것이다. 한편 탐욕스러운 사람은 쉽게 돈 버는 방법이 있다는 말을 잘 믿는다. 그런 사람들은 고수익 보장이라는 말만 들으면 자다가도 귀가 번쩍 뜨이나 보다.

그런데 고수익 보장이라는 말은 오래전부터 사기꾼들이 쓰는 말이었다. 양심이 있는 사람이라면 아무리 유망한 사업일지라도 함부로 고수익 보장이라는 말을 쓰지 못한다. 사실 고수익 가능이라면 몰라도 고수익 보장이라는 것은 존재하지 않는다. 물론 고수익 가능이라는 말 뒤에도 원금 손실 가능이란 말이 빠져 있다. 원금 손실의 가능성은 무시하고 고수익 보장이라는 말만 믿는 사람은 분명히 탐욕스러운 사람이다. 개인적으로 궁금한 것은 사기를 당하는 사람 중에 순진한 사람이 더 많은지 탐욕스러운 사람이 더 많은 지이다. 아니면 순진한 사람이 쉽게 탐욕스러운 사람으로 변하는 것인지도 궁금하다.

그런데 순진함과 순수함은 의미가 다르다. 순진한 사람에게는 좋은 게 좋은 것이라는 말이 쉽게 수용될지 모른다. 그러나 순수한 사람에게는 좋은 건 좋은 것이고 나쁜 건 나쁜 것이다. 순수한 사람에게는 선과 악, 그리고 좋은 것과 나쁜 것을 구별할 능력이 있다. 그리고 좋은 사람과 나쁜 사람을 구별할 줄 안다. 순수하지 않은 사람에게는 셀트리온 같은 좋은 기업, 셀트리온 경영자 같은 좋은 사람이 눈에 들어오지 않는다. 부처 눈에는 부처만 보이고, 돼지 눈에는 돼지만 보인다고 했던가. 어쨌든 나는 셀트리온 같은 회사가 한국의 발전에 크나큰 기여를 할 것이고, 한국인에게도 대단히 이로운 회사라고 확신한다. 셀트리온이라는 회사를 알게 된 것, 그리고 셀트리온의 주주가 된 것이 나에게는 대단한 영광이다.

 **2016.7.12.**

공매도 공시제도는 결국 있으나 마나 한 제도인 것이 입증되었다. 따라서 주주들이 할 수 있는 일은 또다시 오를 때까지 기다리는 것밖에 없게 되었다. 언젠가는 오른다는 확신이 있으므로 무작정 기다리는 것보다는 훨씬 마음이 편하다. 주식 통계를 보면 주가가 오르는 날보다 내리는 날이 더 많다고 한다. 그러므로 주가가 내린 날 구태여 실망할 필요가 없다. 주가가 내리는 것에 익숙해져야겠다고 마음속으로 다짐한다.

2016.7.13.

셀트리온 직원 채용 방식과 직원 복지가 화제이다. 셀트리온에서는 필기시험을 치르지 않고 면접시험을 까다롭게 진행한다고 한다. 셀트리온은 도전 정신을 가진 인재를 우선적으로 채용한다고 한다. 그리고 최고의 인재를 채용하기 위해 파격적 복지 혜택을 제공하고 있다. 이 뉴스를 보고 과연 셀트리온답다는 생각이 들었다. 셀트리온의 역사는 바로 도전의 역사라 할 만하니까.

공매도 공시제도의 효과는 아직까지 없으며 앞으로도 기대하기 어려운 상황이다. 중요한 것은 단 하나, 공매도 세력들이 대차한 주식을 반드시 소유주에게 갚아야만 한다는 사실이다. 대차 주식이 많다는 것은 어떻게 보든 간에 셀트리온 주가 측면에서 유리하다. 장기적으로 주가는 반드시 상승하게 돼 있다. 주주들은 각자 목표한 주가에 도달할 때까지 기다리면 된다.

🎖️❗ 2016.7.14.

오늘도 좋은 뉴스가 있었다. 셀트리온의 램시마가 유럽 지역에서 승승장구하고 있다는 뉴스이다. 다른 회사에서도 바이오 시밀러를 속속 개발하고 있다는 뉴스도 있었다. 셀트리온의 최종 목표는 바이오 신약 개발이다. 바이오 시밀러 사업은 향후 부수적인 사업으로 밀려날 것이다. 오늘도 희망찬 미래를 꿈꿔 본다.

🎖️❗ 2016.7.15.

매사가 결과보다는 과정이 중요하다고 생각한다. 대부분의 사람들은 주식에 대한 철학이 없다. 철학이라고 하니 너무 거창한 말로 들릴지도 모른다. 그러나 철학은 우리 생활 곳곳에 스며들어 있다. 삶을 지탱해 주는 원칙과 가치관은 철학에서 나오기 때문이다. 철학이 없는 사람이 주식 시장에 발을 들이면 오로지 돈밖에 보지 못한다. 돈은 럭비공처럼 시시각각으로 움직인다. 운동장에서 공만 열심히 쫓아만 다닌다고 해서 공을 만질 수 있는 게 아니다. 운동 경기라는 큰 그림을 보아야만 공의 움직임을 예측할 수 있고 자신의 발로 공을 제어할 수 있는 것이다. 돈을 벌려면 길목을 지키라는 것도 같은 맥락이다.

투자의 대가들은 주식 시장에서 성공하려면 주식을 사지 말고 해당 기업을 사야 한다고 말한다. 다시 말해서 해당 기업이 내 회사이고 나는 그 회사의 대주주라고 생각해야 한다. 돈의 움직임을 열심히 눈으로 쫓는 것은 눈앞의 이익을 추구하는 사람들이 하는 행위이다. 아무리 돈을 벌기 위해 주식 시장에 들어왔다지만 돈이 전부는 아닌 것이다. 이 세상에는 돈보다 소중한 것이 많다. 돈은 인생의 목적이 아니라 살아가는 데 필요한 수단일 뿐이다. 그리고 돈을 버는 과정이 수익이라는 결과보다 중요하다. 내 회사가 성공해야 나도 성공한다는 믿음이 있을 때 비로소 그 열매를 맛볼 수 있다. 적어도 주식 시장에서는 믿는 만큼 얻을 수 있다고 생각한다. 그 믿음은 목표를 이룰 때까지 기다리게 하는 힘의 원천이기도 하다.

 **2016.7.18.**

여전히 지루한 횡보 장세가 계속되고 있다. 이런 상황을 타개하기 위해서는 결정적인 한 방이 필요하다. 늦어도 이번 분기 중에는

결정적인 한 방이 터지리라 기대하고 있다. 미국 화이자에 제품을 공급하기로 한다는 계약 공시 말이다. 장담은 못하지만 주가가 20만 원 근처까지 가지 않을까 예상한다.

이번 분기에 셀트리온 헬스케어에서 미국 화이자에 램시마를 공급하면 다음 분기부터 미국 내에서 시판될 것이다. 모든 일이 순조롭게 진행될 거라 믿어 의심치 않는다. 나는 앞으로도 셀트리온이라는 회사를 무한 신뢰할 것이다.

2016.7.19.

램시마 초도 물량 공시가 나오면 주가가 전고점을 돌파할 것 같다. 그런데 다시 지금의 가격으로 떨어지면 어떻게 될까? 물론 예전 경험에 비추어 보면 충분히 그런 일이 일어날 수 있다. 공매도 세력들은 호재가 빨리 나오기를 기다리고 있는 듯하다. 그전처럼 공시 직전까지 주가를 올렸다가 공시 후에 바로 주가를 떨어뜨릴 것이다. 하지만 어쩌랴? 묵묵히 감내하는 수밖에 없다. 주식 투자 자체를 즐기고 그날그날의 주가에 초연해지는 수밖에 없다. 단기적 주가 등락은 피할 수 없는 일이므로 즐겨야 한다. 오를 수밖에 없는 주가를 누르고 있는 것도 한계가 있다. 지금의 기대감이 실적으로 나타나면 어떤 세력도 셀트리온 주가의 상승을 막지 못할 것이다.

 **2016.7.21.**

주식 시장은 소리 없는 전쟁터다. 주가의 향방을 결정하는 건 세력들의 심리 싸움이다. 그런데 아무리 큰손일지라도 주가를 일시적으로 통제할 수는 있지만, 영원히 통제하지는 못한다. 이들도 시장을 이기지는 못하기 때문이다. 주식 시장에서 이긴다는 표현은 어색하며, 많은 금융 전문가들이 시장 자체를 이기는 것은 불가능하다고 입을 모은다. 개인 투자자에게 주식 투자는 자기 자신의 인내심을 측정하는 경기와도 같다. 그런데 이런 사실을 무시하고 다른 사람과 무조건 경쟁해서 이기려고 드는 것은 화만 불러올 뿐이다. 지금 나는 투자하고 있는 것이 아니라 나 자신의 인내심을 테스트하는 중이다.

 **2016.7.22.**

누군가가 금요일에는 주가가 하락하는 경우가 많다고 했는데 정말인지 모르지만, 오늘 하락하였다. 어제 많이 상승한 것에 대한 조정이라고 볼 수 있다. 천천히 상승해도 좋으니 안정적으로 상승했으면 좋겠다. 그러나 주가는 내 마음을 몰라준다. 항상 느끼는 거지만 주가는 심술궂고 변덕스러운 생명체인 것 같다. 하지만 언젠가는 기업 가치에 수렴할 것이다. 보이지 않는 세력들이 아무리

주가를 짓누르더라도 말이다. 셀트리온의 기업 가치가 모든 사람의 눈앞에 나타날 때쯤 세력들은 사라질 수밖에 없고 주가는 합당한 자리에 가 있을 것이다.

2016.7.23.

주가에 대해 생각해 보았다. 이론상 주가는 투자 심리의 균형점이다. 팔려는 사람과 사려는 사람이 거래 가격에 관해 합의점을 찾아야 거래가 성립된다. 일반적으로 주식으로 돈을 버는 방법은 싸게 사서 비싸게 파는 것이다. 이런 거래가 일어나려면 싸게 파는 사람과 비싸게 사는 사람도 존재해야 한다. 보통의 경우 그 거래 상대방은 다르지만, 만약 같은 사람이라면 그 사람을 바보라고 생각할 것이다. 그런데 의외로 싸게 팔았다가 더 비싼 값에 다시 사는 경우도 생긴다. 주식 매매는 치열한 눈치 싸움이기 때문이다. 더 오른다는 생각이 들면 지금 가격이 높아 보이지 않는 현상이 발생한다. 이렇게 재매매를 통해 이익을 취할 수 있겠다는 판단이 서면 사람들은 당장은 손해를 본다는 생각이 들더라도 거래를 감행한다.

이런 심리가 주가의 이상 급등을 야기한다. 주가가 기업 가치와 무관하게 오르는 것이다. 심지어 몇 배까지도 말이다. 단타꾼들은 이런 이상 급등주에만 관심을 쏟는 경향이 있다. 단기에 돈을 벌

수 있다고 생각하기 때문이다.

그러나 거품은 언젠가는 꺼지게 마련이다. 이상 급등을 한 주식의 주가는 반드시 떨어진다. 그 과정에서 피해를 보는 사람들이 생긴다. 자신의 본능만을 믿고 투자가 아닌 투기를 하는 사람들 말이다. 전쟁터에서는 죽자고 하면 살고, 살자고 하면 죽는다고 한다. 주식 시장도 전쟁터이다. 따라서 주식 시장에서 개인들이 살기 위해서는 탐욕을 버려야만 한다. 탐욕을 버리면 이성적인 사고와 행동을 하게 되기 때문이다. 두말하면 잔소리지만, 주식은 자신에게 합리적인 가격일 때만 매매하는 것이 바람직하다.

 **2016.7.25.**

모든 재테크는 지루함을 수반한다. 이 지루함을 이겨 내야 재테크에 성공한다. 셀트리온 주가가 좀 올랐다고 다시 조정을 받고 있다. 주가는 오르는 날보다 내리거나 조정받는 날이 더 많다고 했다. 이 지루함을 이기기 위해서 인내심과 뚝심이 필요하다. 주식 시장에는 수많은 종목들이 있고 이들은 제각기 다른 방향으로 움직인다. 주식 시장에 들어온 사람들은 남의 떡이 커 보이는 것을 경계해야 한다. 워런 버핏은 상한가 가는 종목은 쳐다보지도 말라고 했다. 상한가는 작전에 의한 것일 가능성이 높기 때문이다.

투자를 하다 보면 다른 주식은 활발하게 움직이는 것 같은데 내 주식은 변화가 없는 것처럼 느껴지는 경우가 많다. 너무 지루하다 보니 차라리 폭락이라도 하면 더 나을 것 같다는 생각이 들기도 한다. 주식을 오랫동안 보유하려면 인내심이 필수적이다.

셀트리온과 직접적인 관련은 없지만, 희소식이 들려오고 있다. 셀트리온 헬스케어의 주가가 많이 오르고 있다고 한다. 이 회사는 비상장 회사인데 아마도 지금쯤 미국 화이자와 램시마 공급 계약을 체결했을 수도 있다는 생각이 든다. 물론 아직 공시는 뜨지 않았다. 셀트리온과 셀트리온 헬스케어는 합병이 예정되어 있기도 하며, 설사 그렇게 되지는 않더라도 어차피 함께 갈 기업이다. 셀트리온 헬스케어에 좋은 일은 셀트리온에도 좋은 일이다.

2016.7.26.

도대체 주가란 무엇일까? 두 번의 폭락을 경험하고 나서 문득 주가란 것이 무엇인지 의문이 생겼다. 올해 2월과 4월에 셀트리온 종목이 2번 폭락했다. 물론 누군가가 폭락시켰다. 그건 그렇다 치고 그 사실을 어떻게 받아들여야 하는가 하는 문제가 남아 있다. 12만 원일 때의 셀트리온, 8만 원일 때의 셀트리온, 현재 가격의 셀트리온은 어떻게 다를까? 12만 원이면 좋은 주식이고 8만 원이면 이른바 '개잡주'일까? 셀트리온 주가가 1만 원일 때 매수한 주주는 8만 원에 도달했을 때 어떻게 생각했을까? 기쁘지 않았을까? 적어도 절대로 '개잡주'라고 생각하지는 않았을 것이다. 개잡주란 자기가 산 가격에서 더 떨어졌거나 떨어지지는 않았더라도 화끈하게 오르지 않을 때 단타꾼들이 그 주식을 지칭하는 용어인 것 같다.

그러면 어떤 주식이 진정한 개잡주일까? 주식 시장은 전 세계에 널려 있다. 한국 주식 시장은 그 일부분일 뿐이다. 그리고 한국 주식 시장에만도 수많은 종목이 상장되어 있다. 전 세계의 큰손 투자자들은 모두 안정적인 투자를 한다. 주식 투자는 본질적으로 위험이 따르므로 어느 정도는 모험이라 볼 수 있다. 하지만 그들은 도박을 하지는 않는다. 자신들이 모르는 종목, 신뢰가 가지 않는 기업에는 투자하지 않는다. 초보자들은 이들이 투자하는 종목에 투자하면 최소한 실패하지는 않는다. 그러나 일확천금을 꿈꾸는 사람들은 그것을 단호히 거부한다. 그들은 이른바 묻지 마 투자를 하는 편이다. 테마주를 좇거나 동물적 감각으로 동전주(가격이 싼 주식)를 고른 다음 대박이 나기를 기다린다. 나는 이런 식으로 고른 주식이 개잡주라고 생각한다. 바로 기업 가치도 낮고 주가도 낮은 주식 말이다.

주가는 실체가 없지만 눈에 보이고, 가치는 실체가 있지만 눈에 보이지 않는다고 한다. 주가가 아무리 낮아도 기업 가치가 높으면 절대로 개잡주가 아니다. 기업 경영자는 회사의 가치를 높이려고 최선을 다할 뿐이지 주가가 안 올라가는 것에 대한 책임은 없다. 개잡주라고 부르는 것은 책임을 회사에 돌리는 것이다. 가치가 높은 회사의 주식이 싸면 오히려 투자하기 좋은 종목이라고 생각해야 한다. 주가가 오르기 위해서는 큰손이 관심을 갖고 돈을 쏟아부어야 한다.

그러면 큰손들은 어떤 기업에 투자할까? 가치가 높은 기업과 가치가 낮은 기업 중에서 말이다. 셀트리온은 가치가 꾸준히 증가하는 기업이다. 나중에는 가치가 어마어마해질 것이다. 하지만 가치는 눈에 보이지 않기 때문에 그 사실을 모르는 사람들이 많다. 그래서 큰손들도 아직 셀트리온에 큰 관심을 돌리지 않고 있다. 내가 할 수 있는 일은 그들이 돈을 싸 짊어지고 와서 셀트리온에 쏟아부을 때까지 기다리는 것이다. 그때가 셀트리온의 가치가 주가에 제대로 반영되는 때이다. 단언컨대 그날은 반드시 온다. 굳이 셀트리온에 이름을 붙여 주자면 신데렐라주가 어떨까 싶다.

2016.7.27.

셀트리온 주주 대표자들은 주주들에게서 모금한 돈으로 공매도 금지를 촉구하는 광고를 2번 내고 신규 주주들을 위해 안내 책자를 만들었다. 그리고 회사 경영진을 격려하고 그들에게 부탁하는 내용의 편지를 전달했다고 한다. 물론 이런 것들은 주주들이 굳이 하지 않아도 되는 일이다. 예전에는 회사 측에서도 공매도 세력에 강경하게 대응하기도 했다고 하나 현재는 그러지 않는다. 회사 경영진은 이에 대해 감사함을 느낀 모양이다. 그래서 회사 홈페이지에 주주들에게 감사하다는 내용의 글을 올려놓았다. 이런 일은 다른 기업에서는 좀처럼 찾아보기 힘들다. 회사와 주주들 간의 관계가 이렇게 좋은 경우는 별로 없다.

오늘은 등산을 다녀왔다. 등산하다가 문득 등산과 주식 투자의 공통점이 생각났다. 대체로 사람들은 등산을 좋아하지 않는다. 다른 이유도 많겠지만 우선 힘들기 때문이다. 특히 등산을 한 번도 해 보지 않은 사람들은 막연히 등산은 처음부터 끝까지 힘들 거란 생각을 한다. 하지만 그렇지 않다. 등산을 해본 사람은 알겠지만, 처음이 가장 힘들다. 아니 처음에만 힘들다. 나에게는 이것이 등산의 매력이고 계속 등산을 하는 이유이다. 처음의 고비만 넘기면 어느덧 고통은 사라지고 등산을 즐기게 된다. 힘들다고 피하기만 하면 등산의 즐거움을 평생 모른다.

주식 투자도 그렇다. 매번 고비가 찾아오지만, 그 고비를 견디고 이겨야 한다. 그래야 달콤한 열매를 맛볼 수 있다. 돈을 벌겠다는 희망으로 주식 시장에 일단 들어왔다면 그 고비를 넘겨야 한다. 고비를 넘지 못하고 주식 시장을 떠난 사람에게는 늘 미련이 있다. 그래서 주식 시장이 활활 타오를 때 그들은 다시 돌아온다. 그러나 그때도 그들이 고비를 넘는다는 보장은 없다. 오히려 실수를 되풀이할 가능성이 높다. 이렇게 습관이 무서운 것이다.

주식 시장에서 어려운 고비를 넘지 못하는 사람들의 특징은 자신의 마음을 다스리지 못해 쉽게 흔들리고, 결단력과 인내심이 부족하고, 자기 합리화에 능하며, 근시안적이며, 쉽게 돈을 벌려는 욕

망에 사로잡힌 사람들이다. 사실 이런 특징들은 대부분의 사람들이 가지고 있다. 이것을 극복하는 사람과 그렇지 못한 사람들이 있을 뿐이다. 주식 시장에 들어오는 사람들은 마음을 비우고 욕심을 내려놓아야 한다. 손실을 전혀 보기 싫으면 은행으로 가야 한다. 나는 이 사회를 지탱해 주고 있는 것은 내일에 대한 희망이라고 생각한다. 주가는 이 희망이란 것을 먹고 자란다.

2016.7.28.

장기 투자를 하지 않고 단타를 하는 사람들에 대해 생각해 보았다. 그들은 자기 주도적이고 자기중심적인 면이 있는 사람인 듯하다. 대체로 그들은 다른 직업이 없으며, 무언가에 쫓기듯 종일 쉴 새 없이 주식을 매매한다. 그들은 아무도 믿지 않는 대신에 자신을 과신한다. 그래서 자신의 능력으로 그날그날 오르는 종목을 찾아낼 수 있다고 믿는다. 그들은 과감하게 행동하고 손절매를 기가 막히게 잘한다. 아마 나가는 수수료도 많을 것이다.

확실한 것은 절대로 그런 일은 오랫동안 할 수 없다는 점이다. 그들이 노리는 것은 한탕이다. 그 한탕으로 증권계에서 영웅이 되고 싶은 것이다. 영웅이 되기 위해서 요행을 바라고 한탕을 노리는 것이다. 다행히 그들이 수익을 냈다면 운이 좋았기 때문이지 남다른 안목과 실력을 갖추었기 때문이 아니다. 어떤 투자자도 시장을 통제하거나 이길 수는 없다. 손절매하는 재주가 뛰어나다고 해서 시장을 통제하거나 이기지는 못한다. 개인이 시장을 이기려고 하는 것은 승산이 없는 무모한 행위이다. 시장에 순응하면서 장기간 투자하는 것이 돈을 벌지는 못하더라도 최소한 잃지 않는 방법이다.

2016.7.29.

서정진 셀트리온 회장이 전경련 CEO 하계포럼에 참석해 '시간을 되돌리는 바이오 혁명'이라는 주제로 강연을 했다고 한다. 그는 경영자가 위험을 감수하지 않으면 그것은 사업이 아니라 장사라고 말했다. 사업이란 필연적으로 미래에 대한 예측을 기반으로 하게 되므로 위험이 뒤따른다. 마땅히 경영자는 그 위험을 감수하고 도전해야 한다고 강조했다. 참으로 공감이 가는 말이다. 특히 그가 말한 것은 본인의 경험이므로 더 감동적이다.

서 회장처럼 생각하는 경영자들이 많아졌으면 좋겠다. 안 그래도 요즘 대기업들의 사내 유보금이 갈수록 증가하고 있다고 해서 한국의 미래가 걱정되던 차였다. 분명 이런 점은 세습 경영의 폐해이다. 대를 거듭할수록 경영권을 물려받은 사람들은 도전 의식이 사라지고 안전 경영을 지향하게 된다. 그런데 과연 안전 경영이란 것이 있을까? 그들이 관심을 쏟는 분야는 사업 자체가 아니라 사업체를 안전하게 세습하는 것이다. 앉아서 돈 먹는 사업은 이젠 존재하지 않는다. 정부의 특혜가 없다면 말이다. 흔히 사업은 총성 없는 세계 대전이라고들 한다. 살아남으려면 죽기를 각오하고 싸워야 한다. 살려고만 들면 오히려 죽게 된다.

2016.7.30.

사람들은 막연히 부자가 되고 싶어 하지만 뚜렷한 목표가 없는 경우가 많다. 많은 사람들이 왜 부자가 되고 싶은지는 생각하지 않는다는 말이다. 또 얼마나 재산을 모아야 하는지도 깊이 생각하지 않는다. 그냥 무조건 많이 모을수록 좋다고 생각하는 경향이 있다. 보통 사람들의 막연하지만 공통된, 부자가 되려는 이유는 두 가지인 듯하다. 본인이 많이 쓰고, 또 자식들에게 많이 물려주기 위해서. 결국 남들에게 과시하기 위해 부자가 되려고 한다.

나는 돈을 버는 것보다 쓰는 것이 더 중요하다고 생각한다. 물론 돈을 그냥 막 쓰는 것이 아니라 잘 써야 한다. 나는 부자들이 건전하고 합리적인 소비를 해야 한다고 믿는다. 그게 국가를 위하고 같은 땅덩어리 위에 사는 다른 사람들을 위하는 것이기도 하지만, 자기 자식들을 위하는 것이다. 그렇게 함으로써 자식들이 돈을 관리하는 법을 제대로 배우게 된다. 자식들은 부모가 하는 행동을 그대로 따라 한다는 것을 기억해야 한다. 자식들이 자신들처럼 살지 않게 하려면 자신의 행동을 바꿔야만 한다. 그리고 자식들에게 지나치게 많은 재산을 상속시키는 것은 옳지 않다. 자식들에게 최소한의 자립 기반을 마련해 주는 선에서 그쳐야지 특혜로까지 비쳐서는 안 된다. 자식이 부자로 살기를 원하면 부자가 되는 방법을 가르쳐야지 많은 돈을 상속시킬 일이 아니다.

그리고 이 세상은 사람들이 어울려서 살아가는 세상이다. 한 명의 잘난 사람이 다른 모든 사람들을 먹여 살리는 것은 분명 좋은 일이다. 그러나 한 명의 잘난 사람이 이 세상의 부를 독점하는 것은 나쁜 일이며, 그 사람이 그것을 당연시하고 정당화한다면 그 사람은 이 세상에 없는 것이 더 낫다고 생각한다. 본인이 큰 재산을 모았다면 다른 사람에게 나눠 주는 것은 의무이자 예의이다. 본인이 다 쓰지도 못할 재산을 형성하고 그것을 유지하는 것은 사회적, 국가적 해악이다. 본인이 쓸 몫과 자식에게 물려줄 몫 이외에는 사회에 헌납하는 것이 당연하다. 인간은 사회적 동물이라고 한다. 그것은 사람들이 서로 의존해서 살아가야 하고 다른 사람의 도움 없이는 생존할 수 없으며, 서로 어울려 살아야지만 자신의 삶의 의미와 가치를 찾아서 누릴 수 있다는 것을 뜻한다.

 2016.7.31.

금요일 서 회장이 한 말을 다시 생각해 보았다. 그는 경영자가 위험을 감수하지 않으면 그것은 사업이 아니라 장사라고 말했다. 예

부터 장사꾼은 곧 사기꾼을 의미했다. 오로지 돈 버는 것이 목적인 사람은 사기꾼이 될 가능성이 대단히 높기 때문이다. 상장 회사의 경영자 중에도 돈만 밝히는 사람이 부지기수이다. 사업을 물려받은 경영인이든 전문 경영인이든 제일 중요한 자질은 기업가 정신이다. 그것은 정도 경영을 통해서 영리를 추구하는 것을 말한다. 이것은 어떻게 보면 참으로 어려운 일이다. 정도 경영을 하다가 손실을 보는 경우도 심심찮게 생기기 때문이다.

그러나 정도 경영을 한다고 해서 흑자를 내지 못하는 것은 절대 아니다. 오히려 원칙과 소신 없이 경영하다가 대규모 적자를 매년 기록하는 경우가 많다. 보통 타 기업과의 과열 경쟁과 지나친 사업 확장이 그 원인이다. 그런 회사는 경영자가 회사와 주주의 이익을 등한시했다고 볼 수밖에 없다. 자신의 사리사욕을 채우는 데 정신 팔려 있는 경영자도 많다. 이런 회사는 결코 장래가 밝다고 볼 수 없다. 그래서 투자를 하는 데는 최고 경영자의 됨됨이를 고려해야 한다. 서 회장은 약 10년 후에 현직에서 물러날 거란 뜻을 비쳤는데, 그 말을 들으니 적어도 10년은 안심하고 투자할 수 있겠다는 생각이 든다.

2016. 8.

주식은 **장기 투자**가 **정답**이다

 2016.8.1.

사람들은 결혼하기 전에 배우자가 그렇게 예뻐 보였는데 결혼하고 나니 그렇지 않다고 불평한다. 워런 버핏은 결혼하고 나면 한쪽 눈을 감고 배우자를 바라보라고 했다. 참으로 현명한 사고라고 생각한다. 꾸미지 않은 사람은 멋지거나 예쁘지 않은 것이 당연하다. 그렇기에 다들 자신을 열심히 꾸미고 포장한다. 그러나 기업 실적은 절대로 포장하면 안 된다. 모든 것을 투명하게 공개해야 한다. 실적이 좋으면 좋은 대로 안 좋으면 안 좋은 대로 다 공개해야 한다. 투자자들은 실적을 포장하는 기업에 투자해서는 안 된다. 셀트리온의 2분기 실적은 어떨까?

 2016.8.2.

주식 투자하다가 돈을 잃을 확률과 다른 사람에게 돈을 빌려주고 떼일 확률 중 어느 것이 더 높은지 생각해 봤다. 나는 막상막하라고 생각한다. 둘 다 위험한 일이다. 그러나 주식 투자는 위험하

긴 하지만 할 만한 일이라고 생각한다. 종목만 잘 고르면 승산이 있기 때문이다. 그런데 다른 사람에게 돈을 빌려주고 이자를 받는 것은 사회적으로도 칭찬받을 일이 못 된다. 다른 사람에게 돈을 빌려주고 나면, 이자는 고사하고 원금만 돌려받아도 좋겠다고 생각하게 될지도 모른다.

그런데 살아가다 보면 다른 사람에게 돈을 빌려줘야만 하는 상황이 발생할 수도 있다. 그런 때에는 자신이 감당할 수 있을 만큼만 빌려주고 빌려줬다는 사실을 기억에서 지우는 것이 좋을 듯하다. 이런 자세는 주식 투자를 하는 데도 유용하다. 주식 투자는 국가 경제를 위해 반드시 필요하다. 주식 투자를 하기로 결정하고 정말 좋은 기업을 골라 투자했다면, 설사 나중에 투자 손실이 발생하더라도 결과를 겸허히 받아들이는 것이 여러모로 본인에게 유리하다. 그것이 건전한 투자자의 기본자세라고 생각한다.

2016.8.3.

오늘은 거래량이 매우 적었다. 자료를 찾아보니 내가 셀트리온 투자를 시작한 후 가장 적은 거래량을 기록했다. 잘하면 이번 주에 실적 발표가 있을 것 같아서 다들 주식을 내놓지 않는 듯하다. 오늘 장이 전체적으로 좋지 않았다. 최근엔 그동안 잠잠하던 유가가 악재로 등장하고 있다. 1배럴당 유가가 다시 40달러 아래로 내려앉았기 때문이다. 코스피와 코스닥은 각각 2,000과 700 아래로 떨어졌다. 코스피 지수 2,000과 코스닥 지수 700은 정말 난공불락의 요새인가 보다. 이 고지를 넘을라치면 매번 뭔가가 나타나 발목을 잡는다. 그러나 투자자들은 시간이 늘 주가 편이었다는 것을 기억해야 한다. 인간은 망각의 동물이며 변화무쌍한 존재이다. 그래서 마음이 오늘 다르고 내일 다르고 모레 다르다. 내일 주가를 알고 싶으면 내일까지 기다리는 것이 상책이다.

투자에서 성공하려면 첫째도, 둘째도 시장 1위 기업에 투자해야 한다는 것을 다시 한 번 느꼈다. 역사적으로 2위 기업이 1위 기업이 된 경우는 드물다. 도박에서는 낮은 확률에 베팅해 이기면 배당이 매우 크다. 왜냐하면 도박이니까. 도박은 손해 보는 줄 알면서도 짜릿함을 맛보려는 사람들이 하는 것이다. 그러나 주식은 도박이 아니다. 2위 기업에 투자하는 것은 도박에 가깝다. 가치는 높으나 가격이 싼 종목을 사는 것은 투자이지만, 가치도 낮고 가격도 싼 종목을 사는 것은 도박이라는 것을 요즘 확실히 깨닫고 있다.

 **2016.8.5.**

주가가 아주 느리게 조금씩 상승하고 있다. 주가는 바닥을 다지며 천천히 상승하는 것이 훨씬 안정감이 있다. 주가가 큰 변동 없이 흘러가는 것은 결코 시간 낭비가 아니라 대세 상승을 위한 바

닥 다지기이다. 지난 4월 6일의 폭락 이후 4개월여 동안 주가는 바닥 다지기를 하고 있는 것이다. 물론 그 폭락은 기업 가치의 훼손에 따른 하락이 아니고 공매도에 의한 하락이었다. 이젠 아무리 공매도 세력들이 주가를 떨어뜨리려고 해도 더는 떨어지지 않는 상태가 된 것이다. 지루한 장세가 계속되고 있지만 적어도 주가가 더 이상 내려가지 않는다는 확신이 생겼다.

세력들이 알아야 할 것이 있다. 이젠 개인 투자자들도 예전만큼 어리석지 않다는 것이다. 호락호락하게 볼 수 없다는 의미이다. 공매도로 공포 분위기를 조장하여 돈을 버는 일도 한계에 다다른 것이다. 이젠 그들도 생각을 고쳐먹어야 할 때가 됐다. 올해 2번에 걸친 공매도에 의한 주가 하락은 그들 뜻대로 됐지만, 그 경험을 통해 투자자들은 값진 학습을 했다. 세력들은 공매도를 통해 개인들에게 투매를 유도하여 돈을 벌어 왔는데 똑똑해진 개인들이 앞으로는 투매를 하지 않을 것이다. 그들이 다시 대규모 공매도를 시도한다면 그들은 틀림없이 큰 손실을 보게 될 것이다. 갈수록 공매도의 효과는 떨어질 것이며 주가 폭락 가능성도 줄어들 것이라 생각한다. 주가 20만 원 돌파는 10만 원 돌파와 달리 단기간에 이루어지지 않을까 생각해 본다.

 **2016.8.6.**

주식 매수자들은 자신이 산 주식이 매수한 가격보다 현재 가격이 높으면 돈을 벌었다고 얘기한다. 그런데 자신이 가진 주식을 팔아서 현금화하기 전까지는 미실현 수익 상태다. 이런 미실현 수익 또는 손실은 유동적일 수밖에 없다. 내일이 되면 또다시 주가가 변하기 때문이다. 주식을 현금화했을 때 비로소 수익이 확정된다. 사람들은 주가가 더 이상 오르지 않을 거라 판단했을 때 매도하게 되는데 금융 전문가들은 주식을 사기 전에 목표가부터 정하라고 조언한다.

주식을 가진 사람은 자기 나름의 목표 금액이 있다. 마침내 주가가 목표 금액에 도달했을 때에는 주식을 팔 수도 있고, 팔지 않고 더 높은 목표 금액을 설정할 수도 있다. 같은 종목이어도 목표가는 각자 다르기 때문에 모든 주주가 동일한 가격에서 매도하는 일은 없다. 그리고 주식을 사려는 사람들의 매수 희망가도 모두 다르기 때문에 거래가 끊임없이 일어나는 것이다. 결국 현재의 주가는 매도 희망가와 매수 희망가가 결정하는 것이다. 따라서 자칭 주식 전문가라는 사람들이 주장하는 주식의 적정가란 존재하지 않으며, 그것은 현재 거래되는 가격일 수밖에 없다.

예를 들어 주가가 몇 년에 걸쳐 10배 상승하는 동안에도 거래는 계속 일어나게 되고 주식의 주인은 계속 바뀐다. 물론 이 몇 년 동안 매일 상승했을 리는 없다. 어떤 종목에도 주가의 부침은 있게 마련이다. 때로는 짜릿함을 때로는 공포를 안겨 줄 만큼 말이다. 그렇기 때문에 수시로 매도하는 사람과 매수하는 사람이 생기고 거래가 생길 수밖에 없다. 주가를 예측하는 것이 쉽다면 아마 거래가 거의 일어나지 않을 것이다. 그러나 그렇지 않기 때문에 거래가 일어나고 그사이의 주가 상승분은 거래에 참여한 사람들이 나눠 가지게 된다. 만약 그사이에 공포심을 견뎌 내며 아무것도 하지 않은 사람이 있다면 상승분을 온전히 독식하게 된다. 비록 아무것도 하지 않았지만 이 사람이 승자가 되는 것이다.

앞서 본 것처럼 투자자들 각자의 믿음과 인내심, 평정심의 강도가 실현 수익의 크기를 결정하게 된다. 이 믿음과 인내심, 평정심이 주식 보유자에게 언제 매도할 것인지를 알려 주는 역할을 한다. 믿음, 인내심이 강하고 주가 변동에 평정심을 유지할 줄 아는 사람이 셀트리온 같은 회사의 주주라면 금상첨화일 것이다.

2016.8.8.

지구호를 침몰시킬 것만 같았던 브렉시트는 너무나 허무하게 소멸된 재료가 되고 말았다. 위기 없는 성장도 없다고 생각한다. 해상에서 배를 타고 항해하다 보면 수많은 파도가 밀려온다. 아무도 그 파도를 막을 수는 없고 단지 극복만 할 수 있다. 그동안 셀트리온은 수많은 위기를 잘 극복했고, 앞으로도 슬기롭게 극복하리라 믿는다.

 2016.8.9.

드디어 셀트리온이 2분기 실적 공시를 하였다. 지난해 2분기와 비교해 매출과 당기순이익이 모두 증가하였다. 다만 영업이익은 조금 감소하였다. 본격적 성장을 앞둔 시점의 실적치고는 괜찮은 실적이라고 생각한다. 지금 셀트리온의 실적 지표 중에서는 매출이 가장 중요하다고 생각한다. 다행히 올해 1분기는 물론 지난해 2분기보다 매출이 증가한 것이다. 향후 영업이익이나 당기순이익은 다소 감소할 수도 있다. 연구개발비 지출이 계속 늘어날 것이기 때문이다. 셀트리온은 최종적으로 신약 전문 제약사가 되는 것이 목표이다. 그러므로 이익이 감소하더라도 연구·개발에 전력해야만 목표를 이룰 수 있다.

셀트리온 주가가 어제부터 본격적인 상승을 준비하고 있다. 2분기 실적이 좋기 때문에 내일도 상승하리라 생각한다. 어제 셀트리온 대표가 10월 초부터 램시마를 미국에서 판매할 수 있다고 다시 한 번 강조했다. 이제 램시마가 올해 미국 시장에 진출하는 것을 기정사실로 받아들이면 될 것이다. 연말까지 남은 약 5개월 동안 주가가 과연 얼마나 상승할지 즐거운 마음으로 지켜볼 것이다.

2016.8.11.

어제 급등에 따른 주가 조정이 있었다. 하지만 장중 최고가는 어제 기록을 다시 갈아 치웠다. 주가가 상승세를 타고 있는 증거라 생각한다. 단타를 하는 사람들은 어제처럼 주가가 급등하는 날 주식을 파는 경향이 있는데, 다음 날 조정이 일어난다는 보장도 없고 소폭 상승하는 경우도 있으므로 위험한 행동이다. 이처럼 내일 주가는 어떻게 될지 아무도 모르며, 한번 판 주식은 다시 사기가 어렵다.

주가가 떨어지면 소량이라도 추가 매수하려고 했는데 다행히 떨어지지 않아 매수하지 않았다. 내일도 조정 장세가 이어지면 몇 주 매수하려고 한다. 이번 달은 뭔가 좋은 일이 터질 것만 같다.

2016.8.12.

주가 급등 후에는 급락이나 조정이 찾아온다. 셀트리온 주가는 급락하지 않고 있으나 당분간 조정을 받을 것으로 보인다. 주가가 급락하지 않는 것은 기업 가치 상승에 따른 주가 상승이었다는 증거이다. 그런데 좋은 소식이 하나 더 있다. 최근 셀트리온 종목에 대한 공매도가 많이 줄어들었다고 한다. 이것도 주가 상승에 한몫했다고 볼 수 있다.

작년 11월에 셀트리온에 투자를 시작한 후 현재까지 수익률은 15.4%다. 작년 11월 13일부터 오늘까지 전체 영업 일수 185일 중 셀트리온 주가가 오른 날을 세어 보니 90일이다. 생각보다 오른 날이 많았다. 아직은 그리 높은 수익률이 아니라고 할지 모르지만 나는 여기에 만족한다. 은행 이자율보다는 훨씬 높으니 된 것이다. 이 기간 중 코스피 지수 상승률은 3.9%, 코스닥 지수 상승률은 5.2%다. 이들과 비교해도 훨씬 높은 수익률이다.

종종 나는 '비록 시작은 미미하나 그 끝은 창대하리라'라는 격언으로 자기암시를 하는데, 이것이 주식 투자의 위험을 감내하는 비결이다. 주식 시장에 존재하는 모든 위험을 극복해야지만 비로소 주식 시장이 복리의 마법을 매일 볼 수 있는 곳이라는 사실을 깨닫게 된다. 확실한 것은 주가는 궁극적으로 기업 가치를 반영한다는 것이다. 이 사실을 진정 믿는다면 주가 변동이라는 위험은 얼마든지 감수할 만하다는 것도 깨닫게 될 것이다.

2016.8.13.

내가 왜 주식 투자를 하는지 생각해 보았다. 앞으로도 셀트리온 투자를 계속하려면 확고부동한 이유가 있어야 할 것 같았기 때문이다.

나는 주식 투자가 전혀 위험하지 않다고 생각해서 하는 게 아니다. 주식 투자가 위험하기는 하지만 도전할 만한 일이라고 생각해서 하고 있다. 만약 어떤 사람이 위험이라는 말만 들어도 소름이 돋는다면 절대로 주식을 매수해서는 안 된다. 그런 사람은 그냥 은행을 이용하면 된다. 은행에 예치하면 원금에서 손해를 보는 일은 절대 없다. 그런데 누가 은행만큼 안전하면서 은행 이자보다 높은 수익을 보장한다고 하면 그 말은 사실일까? 원금 보장과 수익성 두 마리 토끼를 모두 잡을 수 있다고 하면서 광고하는 상품도 있다. 하지만 그것은 사실이 아니고 그냥 누구나 믿고 싶어 하는 달콤한 유혹일 뿐이다.

물론 나도 그 말을 믿고 싶다. 그러나 믿지는 않는다. 그런 것은 이 세상에 없기 때문이다. 한번에 두 마리 토끼를 잡는다는 발상 자체가 잘못된 것이다. 이런 발상을 행동으로 옮기는 것은 사기이다. 은행금리보다 높은 수익률을 목표하는 모든 투자 수단은 위험을 내포하고 있으며 자연히 원금 손실 가능성이 있다는 것을 기억해야 한다.

흔히 우리가 살아가는 현대 사회를 신용 사회라고 하지만 우리는 사실 불신 사회에 살고 있다. 선뜻 믿음이 가는 사람이나 기업이 별로 없기 때문이다. 현실적으로 나와 내 가족 말고는 믿을 사람이 없다. 신용 사회라는 말은 사람을 믿는다는 의미가 아니라 그 사람이 제시하는 정보를 믿는다는 의미이다. 사람 자체를 믿는 것이 아니라 그 사람이 제시하는 정보만을 믿다 보니 수많은 문제가 발생한다. 내가 알기로는 인간이 조작하지 못하는 것은 없다.

신용 사회에 살고 있는 우리는 믿을 만한 사람을 알아보는 능력을 상실해 가고 있다. 그래서 요즘 사람들은 믿고 싶은 것과 실제로 믿는 것, 두 가지 개념을 구별하지 못하는 데다가 자신이 믿고 싶은 것만을 믿고 정작 믿어야 할 것은 못 믿는 것 같다. 참으로 아이러니하면서 안타까운 현상이다.

나는 이 세상에 완벽한 것도 100%라는 것도 없다고 믿는다. 세상에 100% 믿을 사람이 없다고 해도 내가 살아가려면 믿는 사람이 존재해야만 한다. 그중에 그래도 가장 믿을 만한 사람을 찾아내서 그 사람에게 의존해야 비로소 내가 생존할 수 있다. 나는 금융기관, 나아가 금융업 자체를 신뢰하지 않는다. 금융기관은 땅에 엎드려 헤엄치는 사업 구조이다. 내가 은행에 돈을 맡기는 것은 그들을 먹여 살리는 일과 같은데, 나는 그러고 싶은 마음이 별로 없다. 나는 은행을 통하지 않고 좋은 일을 하는 기업에 직접 투자하는 것이 좋고, 그게 국가적으로도 바람직한 일이라 생각한다. 바로 셀트리온 같은 회사 말이다. 나는 셀트리온을 믿고 싶고, 실제로 믿으며 나아가 믿어 줘야 하는 회사, 믿을 수밖에 없는 회사라고 단언한다. 셀트리온은 주주들에게 신뢰를 주기 위해 노력하는, 한국에는 많지 않은 회사 중 하나이다.

주식과 결혼하지 말라는 말이 있다. 이 말은 중장기 투자를 하지 말라는 의미인데 주가가 자신이 산 가격에서 일정 비율만큼 오르거나 떨어지면 곧바로 매도해야 한다는 말이다. 나도 장기 투자보다 더 좋은 방법이 있다면 굳이 장기 투자를 고집하지 않을 것이다. 그러나 현실적으로 내가 원하는 수익을 얻으려면 장기 투자 말고 다른 방법이 없다고 생각한다. 그런데 다음과 같은 이유 때문에 장기 투자가 결혼과 동일한 것은 아니다. 첫째, 주식은 한 가지 종목으로만 하는 것이 아니다. 둘째, 지금 가진 종목보다 더 좋은 종목이 나타나면 언제든지 갈아탈 수 있다.

같은 이유로 주식 투자는 종교와도 다르다고 할 수 있다. 셀트리온을 음해하는 세력들은 셀트리온 주주들을 광신교도에 비유하는데 전혀 말이 안 된다. 셀트리온 주주들은 지극히 현실적인 이유, 즉 수익 실현을 위해 셀트리온을 믿기 때문이다. 투자자들이 더는 수익 실현을 기대하기 어렵다고 판단하면 언제든지 셀트리온을 떠날 것이다. 그러나 자신이 가진 주식을 처분할 때에는 신중해야 한다. 어떤 투자 전문가는 주식 투자에서 성공하기 위해서는 자신이 대주주라고 생각해야 한다고 말했다. 대주주는 기업 경영자에게 가장 든든한 원군이다. 대주주는 일시적으로 기업의 수익이 악화돼 주가가 떨어졌다고 주식을 내팽개치지는 않기 때문이다. 대주주가 아니더라도 투자자들은 이런 마음 자세를 유지할 필요가 있다고 생각한다.

나는 이와 같은 이유로 셀트리온 투자를 계속할 것이다. 셀트리온은 믿을 수 없는 대한민국 주식 시장에서 가장 믿을 만한 회사라고 생각한다. 그리고 도전 정신과 열정으로 충만한 회사이다. 이런 회사는 어떻게든 도와줘야 한다. 물론 셀트리온에 투자해서 돈까지 번다면 더없이 좋을 것이다. 내 재산을 증식하는 것이 투자의 주목적이긴 하지만 먼저 회사가 잘되어야 한다는 것을 잘 안다. 다시 한 번 셀트리온의 무궁한 발전을 기원한다.

 2016.8.14.

미국 주식 시장에서 시가 총액 기준으로 현재 최고의 기업은 애플이다. 이 기업이 미국 벤처기업의 신화라면 셀트리온은 한국 벤처기업의 신화가 될 거라고 믿는다. 사실 지금도 코스닥 시총 1위 기업이므로 신화라고 불리기에 손색이 없다. 그러나 셀트리온 주주들의 꿈은 셀트리온이 시총 기준 한국 제일의 기업이 되는 것이다. 그때쯤이면 전 세계적으로 손꼽히는 기업이 돼 있을 것이다. 꿈은 이루기 위해 꾸는 것이고 꿈꾸는 만큼 이루어진다는 말이 있다. 그 말은 꿈꾸지 않으면 아무것도 이룰 수 없다는 뜻일 것이다. 셀트리온은 주주들의 꿈과 끊임없는 지지와 성원에 힘입어 한국 최고의 기업이 될 거라 믿어 의심치 않는다.

셀트리온 주주들은 다른 기업의 주주들과 성격이 다른 듯하다. 개인들이 주를 이루고 있으며 그들은 셀트리온에 대한 열성 지지자들이다. 꼭 연예인 팬클럽 같은 느낌이다. 주주들은 셀트리온을 좋아하고 열렬히 지지한다. 사람이나 기업이나 마찬가지다. 주주들은 셀트리온이 완벽하기 때문에 좋아하고 지지하는 것이 아니다. 셀트리온의 도전 정신과 열정, 패기와 진취성 때문에 좋아하는 것이다. 또 최고 경영자의 인간적인 면을 좋아한다. 이런 것들이 기업 성공의 필수 조건이며 그래서 셀트리온이 성공할 수밖에 없는 기업이라는 것을 주주들은 잘 알고 있다.

일찍이 서 회장은 세계화된 세상에서 새로운 먹거리는 세계적인 기업과의 경쟁을 통해서 나온다고 생각했다. 한국이 자랑하는 지금의 재벌들은 그동안 기껏 규모의 경제를 통해 몸집을 불려 왔을 뿐이다. 이 재벌들이 속한 산업은 이른바 패스트 산업이라고 생각한다. 그들은 그야말로 속도 경쟁을 통해서 성장해 온 것이다. 반면 제약 산업은 슬로 산업이라고 생각한다. 여기서는 속도만으로는 성공하기 어렵다. 최고 경영자에게 많은 인내심이 필요하며 공부도 많이 해야 한다. 그리고 인간의 생명과 직결된 산업인 만큼 안전이 최우선이다.

패스트 산업에서는 사실 돈만 있으면 누구든 성공할 수 있다. 그리고 굳이 정도 경영을 하지 않아도 된다. 실제 한국의 재벌들이 그랬다. 그러나 슬로 산업에서는 돈만 있으면 되는 것이 아니고 정도 경영을 추구해야 한다. 바로 셀트리온이 그렇게 하고 있다. 이런 점이 셀트리온을 다른 재벌 기업과 차별화해 주는 요소이며 셀트리온의 힘이자 매력이라고 생각한다. 셀트리온의 경영진은 일부러 어려운 길을 택해 성장해 오면서, 정도 경영이 성공의 열쇠임을 깨달은 것이다.

 **2016.8.15.**

광복절이어서 증시가 휴장이었다. 쉬는 날이어서 좋기는 한데 증시가 휴장이라는 것이 아쉽다. 이번 주도 늘 그렇듯이 주가가 오르락내리락하기는 하겠지만, 상승 추세는 계속될 것 같다. 시간 날 때 셀트리온에 대해 더 공부해야겠다는 생각이 들었다. 인터넷에 셀트리온 관련 영상이 있나 검색했더니 2011년도 주주 간담회 영상이 있었다. 3시간짜리 동영상이었는데 모두 시청하고 나서 서정진 회장의 진면목을 확인하게 되었다.

이 동영상 제목을 보고 주주 간담회가 뭔가 하는 생각이 가장 먼저 들었다. 다른 회사도 그런 것을 하는지 궁금해졌다. 어쨌든 동영상이 돌아가는 3시간 내내 서 회장이 직접 설명하거나 질문을 받아 거기에 답변하였다. 실제로는 간담회가 5시간 동안 계속되었다고 한다. 과연 어떤 최고 경영자가 그렇게 할까 싶다. 열정도 필요하고 주주들을 위하는 마음도 필요하거니와 회사 업무에 대한 해박한 지식도 필요하다. 그동안 서 회장이 얼마나 노력했는지 조금이나마 짐작이 갔다.

그때도 지금처럼 공매도가 기승을 부리고 있었고 셀트리온 소액주주들은 그에 따른 피해를 고스란히 보았다는 내용도 있었다. 그 후로 회사는 5년 동안 눈부시게 성장했지만 지금까지도 공매도 세력들이 여전히 기승을 부린다는 게 믿기지 않는다. 공매도 세력도 범죄 집단이지만 방조하는 정부도 범죄자라는 생각이 든다.

서 회장의 진면목은 바로 인품이다. 사실 모든 사람들은 능력 이전에 인품부터 갖춰야 한다. 서 회장은 말을 번지르르하게 하지 않고 한번 약속한 건 반드시 지키는 사람이다. 소액 주주들에게 은혜를 입었다고 생각하기 때문에 항상 소액 주주들의 권익을 우선시한다고 말했다. 그리고 자신이 최대 주주이지만 항상 회사가 임직원과 주주들의 회사라고 생각한다는 말이 감동적이었다. 가장 경영자답지 않은 면은 돈 욕심이 없다고 말하는 장면이었다. 같은 말이어도 누가 하느냐에 따라 신뢰가 가기도 하고 안 가기도 한다. 이 말도 서 회장이 하는 얘기니까 믿을 수밖에 없다.

한국 기업의 최고 경영자들은 오너든 전문 경영인이든 돈만을 좇는다. 물론 회사의 이익, 주주의 이익이 아니라 자기 자신의 이익 말이다. 이 동영상을 본 후 서 회장을 더 존경하게 됐다. 이 세상에서 가장 힘든 일이 다른 사람의 마음을 얻는 일이라고 한다. 다시 말해서 다른 사람에게서 신뢰를 얻는 것이 가장 힘든 일이다. 서 회장은 이 간담회를 통해 주주들의 신뢰를 한몸에 받게 됐을 거라는 생각이 든다.

2016.8.16.

사람들은 위험의 정의를 잘 모르는 것 같다. 혹시 수익이 전혀 나지 않는 경우만을 위험이라고 생각하는 사람도 있을지 모르겠다. 하지만 위험이란 손실을 보는 경우까지 포함한다. 금융 상품 광고를 가만히 들어 보면 처음에는 간과 쓸개 다 내줄 것처럼 떠들다가 맨 마지막에 작은 목소리로 하는 말이 있다. "원금 손실에 유의하세요." 이것이 바로 투자 위험을 단적으로 나타낸 말이다. 사실은 이것이 가장 중요한 사실인데 투자자들은 이를 외면하는 경우가 많은 것 같다. 투자 상담사한테 "설마 그런 일이 나한테 일어나지는 않겠죠?"라고 묻고 그렇다는 대답을 듣고 싶어 한다.

하지만 그렇다는 대답이 돌아온다 하더라도 그 말은 거짓말임을 명심해야 한다. 금융기관에서 얘기하는 것 중에 예금과 적금 이자율 빼고는 믿을 만한 것이 없다. 어떤 사람이 내 재산을 내 마음에 흡족하도록 불려 주겠는가? 이 지구상에는 그럴 사람이 없다고 보면 된다. 내 재산을 관리해 주겠다는 사람이 관심을 쏟는 것은 자기 운용 수수료이다.

주식 투자를 간접적으로 할 때도 운용 수수료를 따져 봐야 한다. 운용 수수료는 수익이 나든 손실이 나든 관계없이 투자 운용사에서 챙기는 몫이다. 그러므로 운용 수수료가 최대한 낮은 상품을 확인해서 가입해야 한다. 절대로 금융기관에서 추천하는 상품을 덥석 물지 말아야 한다. 재테크 관련 서적을 찾아보면 한결같이 하는 얘기가 주가지수펀드 상품에 가입하라는 것이다. 이것이 간접 투자 상품 중에서는 최고로 수익률이 높고 안정적이기 때문이다.

2016.8.17.

요즘 셀트리온 관련 이슈는 레미케이드를 판매하는 얀센과 셀트리온 간의 소송이다. 이 소송 결과에 따라 램시마의 미국 시판 일정이 확정된다고 한다. 오늘 종가는 어제와 비슷했지만 변동폭이 매우 컸다. 종일 아래로 밀리다가 막판에 무섭게 상승을 시작하였다. 이것이 셀트리온의 저력이라고 생각한다. 이번 주부터 더위가 한풀 꺾였다. 그러나 날씨가 선선해질수록 셀트리온의 주가는 불을 뿜을 것으로 기대한다. 오늘 코스피와 코스닥 지수는 힘없이 주저앉았다. 마치 지수가 올라가는 꼴은 용납하지 않겠다는 것을 투자자에게 보여 주기라도 하듯이 말이다.

2016.8.18.

새벽에 셀트리온과 얀센 간의 소송에서 셀트리온이 승소했다는 소식이 전해졌다. 그러나 어제와 정반대의 양상이 펼쳐졌다. 셀트리온 주가는 갭상승으로 시작했지만 결국은 하락 마감을 하고 말았다. 오늘 하락 마감은 정상적인 주가 흐름이 아니므로 신경 쓰지 않는다. 외국계 투자사가 순매도하는 것으로 집계됐는데 과연 외국계가 맞는지 의문스럽다. 이른바 검은 머리 외국인이 존재하기 때문이다.

 **2016.8.19.**

요즘 셀트리온 주가가 정상적인 흐름이 아니다. 쭉쭉 상승하다가도 이상하게 막판에 추락하고 있다. 대형 호재를 앞두고 늘 그래왔듯이 말이다. 셀트리온이 소송에서 승리한 후 셀트리온 측은 세계 최대 바이오 의약품 시장인 미국에 진출하기 위한 최종 준비단계에 돌입했다고 오늘 밝혔다. 이만한 대형 호재가 없는데도 겨우 강보합세를 기록했다. 셀트리온과 화이자는 이번 승소 판결로인해 최종 장애물이 사라졌다고 판단하고, 램시마의 조기 판매를위한 초도 물량 출하를 개시했고, 향후 예상 시장 점유율에 근거한 연도별 물량 공급계획에 대해서는 협의를 진행 중이라고 밝혔다. 단군 이래 제약 산업에서의 최대 쾌거를 이룬 것이다.

현재 유럽 지역에서는 램시마가 기존 오리지널 의약품 시장의 30%를 대체했다고 하는데, 이는 대단히 빠른 속도이다. 그러나 미국 지역에서는 이보다 빠른 속도로 시장 점유율을 높일 전망이라고 한다. 미국 판매가 10월 초 시작되면 2017년에는 미국 시장의 50%까지 점유할 거라는 장밋빛 전망도 나오고 있다. 미국 정부에서 추진 중인 오바마 케어가 성공하려면 효능은 같지만 값이 30~40% 저렴한 램시마 같은 약이 꼭 필요하기 때문이다. 이처럼 실적이 터지는 데는 많은 시간이 걸리지 않을 것으로 보이기 때문에 주가 상승도 조만간 일어날 일이라 확신한다.

2016.8.20.

사회생활의 기초는 사람들 간의 신뢰이다. 신뢰란 일반적으로 약속을 지키는 것, 그리고 지키지 못할 약속을 하지 않는 것이지만 기업가가 정도 경영을 하는 것도 신뢰와 관련이 있다. 하지만 이것이 말처럼 쉬운 일은 아니다. 우리 사회에는 신뢰를 우습게 여기다가 큰코다치는 기업이나 사람들이 많다. 건강을 잃으면 모든 것을 잃는다는 말이 있다. 사회적 동물인 인간에게는 건강 못지않게 신뢰도 중요하다. 사회생활을 하면서 신뢰를 잃는 것은 모든 것을 잃는 것과 같기 때문이다. 기업인들 중에도 눈앞의 이익을 좇다가 신뢰를 잃어버리는 경우를 종종 보게 된다.

기업의 경영자들은 자기 능력으로 해당 기업이 지금 그 위치에 서게 되었다고 생각하면 안 된다. 수많은 사람들의 도움을 받아 그 자리에 서게 되었다는 것을 인식해야만 한다. 그것을 망각하면 한순간에 기업이 무너질 수 있기 때문이다.

2016.8.21.

오늘 등산을 했다. 한여름이라 땀이 줄줄 흘러내렸다. 땀이 비 오듯 흐르는 느낌을 누가 좋아할까? 아무도 없을 것이다. 몇 시간 땀 흘리고 다시 평온한 일상으로 돌아왔을 때의 성취감, 그리고 홀

린 땀을 씻어 냈을 때의 개운함을 좋아하는 것이다. 그러한 결과 때문에 끈적끈적함과 숨 막힘을 견디는 것이다. 이처럼 인생에서도 좋은 결과를 얻기 위해 다소 고통스러운 과정을 견뎌야만 하는 경우가 있다. 물론 그 고통을 즐긴다면 더 바랄 게 없지만 그것은 쉽지 않다. 즐기지는 못하더라도 적어도 고통을 감내할 능력은 누구에게나 있다고 생각한다. 그 능력을 고이 모셔 두기만 하고 고통을 회피하려는 사람은 돈을 벌기 어렵다. 이 세상에 쉬운 일은 없다고 생각한다. 아무리 불로소득이라고 해도 노력과 시간을 투자하는 것은 필수이다.

2016.8.22.

장기 투자가 어려운 이유에 대해 생각해 보았다. 어떤 주식이든 가지고 있는 동안 끊임없이 마음이 흔들리기 때문이다. 마음이 흔들리는 이유는 무엇일까? 시장에는 수많은 종목이 있다. 각 종목들은 무질서하게 올랐다 내렸다를 반복한다. 남의 떡이 커 보인다는 속담은 주식 시장에도 적용된다. 내 종목이 떨어지면 말할 것도 없고 오를 때도 똑같다. 더 많이 상승한 종목이 눈에 띄게 마련이다. 기업의 가치를 보고서 투자한 사람도 마음이 흔들리는 것은 마찬가지다. 그래서 장기 투자가 어려운 것이다. 정말 인간의 마음이란….

기업의 변화된 가치가 주가에 반영되는 속도는 종목별로 차이가 있다. 사람들은 눈에 보이거나 숫자로 표현된 것을 좋아한다. 사람들은 구체적인 것을 좋아하기 때문이다. 숫자로 표현된 가치는 주가에 즉각 반영되는 경향이 있다. 가장 확실한 가치는 당기순이익이나 영업이익일 것이다. 그다음으로는 기술 수출, 투자 유치, 유력 기업과의 제휴 등이 있다. 그런데 램시마 미국 시판 승인 같은 것은 구체적이지 않은 가치이다. 이것이 매출에 반영되기까지는 상당한 시간이 걸린다. 이런 가치는 일반 투자자들의 머릿속에서 쉽게 잊힌다. 구체적이지 않은 가치를 인식한 사람이 해당 주식을 매수했다면 그것이 구체적인 가치로 시현될 때까지 기다려야 한다. 그런데 그 과정이 대단히 지루할 뿐만 아니라 그 기간 내내 마음이 흔들린다. 게다가 다른 주식보다 주가가 오르지 않아 자연스레 본전 생각이 난다. 따라서 장기 투자는 정말 어려운 것이고 아무나 하는 것이 아니라는 결론이 나온다.

셀트리온 주가가 많이 떨어졌다. 그렇게 생각하지 않으려고 해도 기분이 안 좋은 건 어찌할 수 없다. 그래도 입을 크게 벌려 한번 웃어 본다. 기분이 조금은 좋아진다. 저녁에 근처 도서관에 다녀왔다. 주식 관련 책을 읽었는데 거기에 주가는 기업 가치의 그림자라는 표현이 있었다. 항상 주가가 무엇일까 하는 의문이 있었는데 그것이 그 의문에 대한 확실한 답이었다. 그림자는 사라졌다가도 나타나고 길어졌다가도 짧아진다. 한마디로 주가는 변화무쌍하다. 그리고 주변에서 흔히 볼 수 있는 세 잎 클로버의 꽃말은 놀랍게도 행복이라는 표현도 있었다. 대개 사람들은 네 잎 클로버라는 행운이 자신에게 찾아와야지만 행복해진다고 믿는다. 대다수 평범한 사람들의 뒤통수를 치는 표현이 아닐 수 없었다. 행복의 조건은 사람마다 다르다는 것을 사람들은 알지 못한다. 많은 사람들은 늘 자기가 아닌 다른 사람이 되려고 노력한다. 그리고 세속적 성공이 곧 행복의 척도라고 믿는다.

2016.8.23.

주식 시장에는 운이 나빠(?) 단 한 번의 실패로 전 재산을 잃는 사람이 있는가 하면, 부단한 노력 끝에 모든 손실을 만회하고 재기에 성공하는 사람도 있다. 재산을 탕진하기는 쉽지만 복구하는 것은 대단히 어렵다. 운이 나빠 실패할 수는 있어도 운만으로 재기하는 것은 힘들다. 도박을 예로 들면, 도박은 실력이란 게 없다 보니 종종 초보자도 게임의 승자가 된다. 그러나 문제는 여기서 시작된다. 자신이 도박에 타고난 실력을 가진 것으로 오해하기에 십상이다. 그렇다 보니 간이 커지고 결국 전 재산을 판돈으로 건다. 그 다음은 뻔하다. 도박은 한탕주의의 상징이다. 도박에 빠진 사람이 살길은 거기서 벗어나는 것뿐이다. 한탕주의 정신으로 무장한 채 주식 시장에서 대실패를 경험한 사람이 살길은 무엇일까? 바로 탐욕을 버리고 자신을 수양하는 것이다.

어떤 분야이든 항상 최후의 승자가 진정한 승자이다. 운동을 예로 들어 보자. 운동 경기에서 막판 뒤집기에 성공한 선수들을 보면 기본기를 탄탄히 갖춘 사람들이다. 상대에게 계속 끌려가다가 순전히 운만으로 막판 뒤집기에 성공하는 것은 애초에 불가능하다. 오히려 실력을 갖춘 사람이 초중반까지 상대에게 끌려갔다면 그것을 운이 없었기 때문이라고 봐야 한다.

어떤 일이든 처음부터 잘하는 사람은 대단히 드물다. 처음부터 잘하는 사람은 타고난 실력 덕분일 것이다. 근데 타고난 실력은 성공의 필수 조건이 아니며 성공하는 데 장애물로 작용할 수도 있다. 보통의 사람들은 초반에 작은 실패라는 수업료를 지불하면서 성공의 기반인 실력을 쌓아 나가는 것이 순리이다. 나는 실패 없는 성공은 없다고 생각한다. 사실 나는 셀트리온 말고도 몇 종목을 소량 보유하고 있지만 모두 평가 손실 상태이다. 나는 이것을 수업료라고 생각한다. 이 종목들은 본능적 직감에 따른 매도와 매수로 성공할 가능성은 없다는 것을 나 자신에게 각인하기 위한 증거물이다.

그러나 나에게는 막판 뒤집기가 있다. 바로 셀트리온이다. 나는 셀트리온에 장기 투자해서 대성공을 거두고야 말 것이다. 이변이 없는 한 셀트리온은 사실상 나의 마지막 투자처가 될 것이다. 큰 성공은 일찍 오지 않는다. 작은 성공을 일찍 맛본 사람들은 큰 성공의 기회를 놓치게 될 가능성이 높다는 말이 있다. 너무 일찍 찾아온 작은 성공에 도취되면 큰 성공을 이룰 가능성이 낮아진다는 말이다. 아무런 노력 없이 큰 성공을 거두는 것은 낙타가 바늘구멍 통과하기만큼 어렵다고 생각한다.

2016.8.24.

셀트리온은 주식 시장에서 이른바 '문제주'다. 청소년 중에는 문제아가 있는데 이들이 나중에는 훌륭한 사람으로 성장하기도 한다. 문제라는 호칭에 다소 억울함을 느끼는 사람들이 있을 텐데 셀트리온도 그런 경우이다. 셀트리온은 시작부터 조금 독특했다. 그러나 독특한 것이 문제는 아니다. 사람들이 독특함을 좋게 보지 않고 나쁘게만 보는 것이 문제이다.

개인적으로 서정진 회장은 정주영 회장과 닮았다고 생각한다. 두 사람 다 역발상을 성공의 발판으로 삼은 사람이다. 특히 정 회장은 불도저 정신으로 유명하다. 서 회장에게도 이런 면이 있다. 하지만 두 사람에게는 커다란 시차가 존재한다. 정 회장이 활동하던 시기는 뭐든 하면 된다는 생각이 지배하던 시기였지만, 서 회장이 활동하는 지금은 그런 생각이 퇴색해 버린 시기이다. 우리 사회에 더는 도전하는 사람이 없는 것이다. 살아생전에 정 회장은 자신의 경영 스타일 때문에 비난받은 적이 없는 것으로 안다. 그러나 서 회장은 지금도 사람들에게 별 존경을 받지 못하는 것 같다. 안타까운 현실이다.

뭐든 하면 된다는 말이 옛말이 된 지 오래지만, 도전 자체를 멀리하면 아무것도 이룰 수 없다는 것을 적어도 기업가들은 명심해야 한다. 이 땅의 자본주의 체제를 유지하기 위해서라도 도전은 계속되어야 한다. 도전하지 않으면 국제 사회에서 한국의 위상은 점점 떨어지고 말 것이다. 한국에 도전하지 않는 기업가들이 계속 늘어나는 것은 결코 바람직한 현상이 아니다. 임신부들이 임신 중독에 걸리는 경우가 있듯이 이는 자본주의 중독이 아닐까 싶다. 위기는 곧 기회라고 했다. 구더기 무서워서 장 담그는 일을 아예 포기하고 케첩을 먹을 수는 없는 노릇이다. 서 회장 같은 도전적 마인드를 가진 경영자가 많이 나왔으면 좋겠다.

셀트리온 주가는 고전을 면치 못하다가 막판에 상승 마감하였다. 셀트리온 주가를 짓누르는 세력들은 자본 중독 환자라는 생각이 든다. 그들은 기업을 성장시켜 돈을 버는 것이 아니라 기업의 성장에는 아무런 관심이 없는 자본 중독자들이다. 그러나 셀트리온은 그리 호락호락한 상대가 아닐뿐더러 셀트리온 뒤에는 10만 강성 주주들이 떡 버티고 있다. 그들은 그것을 잘 모르는 것 같다.

2016.8.25.

회사의 가치는 단기적으로 변화가 없는데도 주가는 매일 변화한다. 회사의 가치가 꿈이라면 주가는 해몽이다. 회사의 가치가 영화라면 주가는 영화 평론가의 평이다. 주식 시장 자체가 남의 잔칫상에 이것 놔라 저것 놔라 훈수를 두는 사람들의 집합체라는 생각이 든다. 개중에는 주식만 바라보고 달리 할 일이 없는 사람들이 많으며 모두들 그날그날의 주가에 목을 매고 있다. 많은 사람들이 모여 있는 곳이므로 말도 많고 헛소문도 많다.

　주식 시장에는 주식 매매를 전업으로 하고 있는 사람도 있다. 이른바 선수들이다. 그들에게도 주식 매매는 먹고살기 위해 하는 직업일 뿐이지 참 재미없는 일일 것이다. 주식을 한 푼이라도 싸게 사서 더 비싸게 파는 게 그들의 일이다. 물론 그러기 위해서 온갖 수단과 방법을 동원하는데 이는 건전한 행위가 아니다. 의도적이든 그렇지 않든 이들은 수많은 개인 투자자들에게 피해를 준다. 이들이 직업 선수라면 개인들은 아마추어이다. 직업 선수 중에서 이들은 미약한 존재이다. 그 위에 큰손들과 세력들이 있다. 주식 시장은 직업 선수와 아마추어들이 동일한 조건으로 싸우는 불공정한 경기장이다. 주가를 매일 주시하고 있노라면 나도 주가에 목을 매는 그들과 다를 게 하나도 없다는 생각이 들기도 한다. 나도 올해까지만 주가 흐름을 지켜보고 내년부터는 안 볼 생각이다.

 **2016.8.26.**

연일 지루한 장이 연출되고 있다. 두 눈 뜨고 있기가 괴로울 정

도다. 내가 괴로웠다는 말이 아니라 그들이 너무 애처로워 보였다는 말이다. 한마디로 다들 눈치작전을 펴고 있었다. 예전 대입 원서 접수 마지막 날의 치열한 눈치작전을 보는 듯했다. 주가가 오르는 것도 아니고 내리는 것도 아닌 상황이다 보니 몹시 지루했다.

지금 세력들과 큰손들은 셀트리온 종목이 좋다는 것을 알고 있으므로 그들의 목표는 개인 투자자들이 가진 주식을 최대한 싸게 빼앗는 것이 목표이다. 정석대로라면 가격을 확 떨어뜨려 개인들로 하여금 투매하게 해야 한다. 그러나 그들은 감히 그렇게 하지 못한다. 그들끼리도 치열하게 총성 없는 전쟁을 치르고 있기 때문이다. 한쪽이 주가를 떨어뜨리면 다른 쪽에서 날름 주식을 매수해 버리는 상황이기에 대놓고 폭락 작전을 쓸 수 없다.

규모의 차이가 있을 뿐 큰손들은 모두 공매를 하고 있다고 생각한다. 그들에게 공매도는 짧은 시간 안에 손쉽게 돈을 버는 수단인 것이다. 그것은 정부가 허용한 합법적인 주가 조작 수단인 것이다. 매일 실적을 올려야 하는 그들에게는 천군만마와도 같은 돈벌이 수단이다. 그런데 그 공매도가 지금 그들의 발복을 잡고 있다. 자칫 잘못하면 파산할지도 모른다. 이제 그들은 살기 위한 결정을 해야 한다. 공매도를 언제 포기할지를 말이다. 시간이 많이 남지 않았다. 아직 그들이 확실하게 결정하지 못해 주가가 내리지도 오르지도 못하고 있는 것이다.

지금 상황에서 가장 여유가 있는 사람들은 자신의 투자금으로 장기 투자를 하는 개인들이다. 대규모 자금을 가진 큰손들을 위해

일하는 월급쟁이들은 항상 실적에 쫓기므로 심적인 여유가 없다. 잘못하면 일자리가 위태로워진다. 따라서 이런 상황에서는 눈치작전을 펼칠 수밖에 없다. 그러나 자신의 투자금으로 장기 투자하는 나 같은 개인들은 조급해할 이유가 전혀 없다. 이들이 가장 유리한 위치를 점하고 있기 때문이다.

2016.8.27.

무조건 남들과 다른 행동을 해야 성공한다. 이 말은 주식 시장에도 그대로 적용된다. 주식 시장에 들어오는 대부분의 개인들은 터무니없이 높은 수익을 기대하는 사람들이다. 대체로 주식 시장에 들어오는 사람들은 낮은 수익률에 만족하지 못한다. 따라서 주가 변동성이 큰 종목에 관심이 많다. 그런데 수많은 사람들이 똑같은 생각을 하는데 자신에게 충분히 승산이 있다고 여기는 것을 어떻게 봐야 할까? 순진한 사람? 아니면 무식한 사람? 하지만 소수의 현명한 사람은 급등주는 거품이 낀 주식이기 때문에 언젠가는 다시 폭락할 것이라는 것을 잘 안다.

주식 시장에서 성공하는 사람들은 한탕주의가 아니라 낙관주의적 사고를 하는 사람들이다. 한탕주의에 빠진 사람들은 기업 가치와 무관하게 주가가 움직이는 작전주나 테마주에 눈길을 돌린다. 이런 주식은 주가가 제멋대로 움직이니까 스릴이 있을지는 모르지만 수익이 난다는 보장이 없고 이런 종목에 많은 돈을 투입하면 자칫 큰 손해를 보게 된다. 터무니없이 올랐던 주가가 기다렸다는 듯이 하루아침에 폭락하는 것은 보기 드문 일이 아니다.

큰손들은 일시적으로 주가를 마음대로 움직일 능력이 있기 때문에 개인 투자자보다 강력한 존재이기는 하다. 큰손들에게 탐욕에 눈먼, 인내심 없는 개인들은 손쉬운 먹잇감이다. 하지만 탐욕을 버리고 인내심을 키워 이들의 농간에 휘말리지 않는다면 오히려 개인들은 이들보다 훨씬 더 유리한 위치에 서게 된다. 시장은 기업 가치를 매일 정확하게 감정하여 그 가치를 주가로 표현해 주는 곳이 아니다. 그렇지만 미래의 어떤 시점에 주가는 기업 가치에 수렴할 개연성이 높다. 개인 투자자들은 그때까지 별수 없이 기다려야만 한다. 그 과정이 지루하게 느껴질 것이다. 기억해야 할 것은 큰손들은 절대로 개인들이 손쉽게 돈을 벌도록 내버려 두지 않는다는 것이다.

또 하나 개인들이 반드시 알아야 할 것은 주식 시장 전체의 평균 수익률에 만족하지 못하는 사람은 절대로 주식 투자에 성공하지 못한다는 사실이다. 주식 시장 평균 수익률은 은행 이자율보다는 높지만 일확천금을 노리는 사람에게는 턱없이 낮은 수익률일 것이다. 그러나 역사적으로 주식 시장 전체의 평균 수익률은 상당히 높은 것으로 알려져 있다. 따라서 직접 투자를 하는 것도 좋지만 주가지수에 연동된 펀드에 가입하는 것도 상당히 좋은 방법이다. 그러니까 탐욕만 버리면 주식 시장에서 어느 정도 성공은 보장된 셈이다. 탐욕을 버린다는 것은 큰손들이 기대하는 수익률, 즉 시장 평균 수익률에 눈높이를 맞추는 것을 말한다.

 **2016.8.28.**

지난 목요일 밤에 비가 한차례 오고 다음 날부터 갑자기 아침과 저녁 기온이 뚝 떨어졌다. 갑자기 가을이 찾아온 느낌이다. 제아무리 여름이 기세등등해도 흐르는 세월에는 못 당한다는 것을 새삼 느꼈다. 올여름 유난히 더워서 가을이 안 오는 것 아닌가 하는 생각이 들기도 했지만 어김없이 가을은 우리 곁으로 왔다. 셀트리온을 괴롭히는 공매도 세력은 과연 사라질까? 10년 후 셀트리온은 과연 세계적인 제약사가 돼 있을까? 셀트리온은 시가 총액 기준으로 한국 최고의 기업이 될 수 있을까? 이 질문에 대한 내 대답은 "그렇다."이다. 셀트리온 주주들은 늘 그렇듯이 한 주가 끝나면 다음 주를 기대한다. 다음 주에는 셀트리온이 어떤 소식으로 주주들을 기쁘게 할지 궁금해진다. 주주들은 주가보다 셀트리온의 가치에 더 관심이 많기 때문이다.

2016.8.29.

　미국 금리 인상 우려 때문에 주식 시장 전체가 힘을 못 쓰고 있다. 셀트리온 주가도 덩달아 급락했다. 만약 기업의 가치는 꾸준히 증가하는데도 주가가 하락한다면 그 주식이 나쁜 것일까? 최근 영국에서의 램시마 점유율이 발표됐는데 무려 78%라고 한다. 이것이 악재인가? 주식 게시판에는 그게 악재라고 떠드는 인간들도 출현했다. 오늘 셀트리온에서는 독감 치료용 항체 특허를 취득한 사실도 공시했다. 그러나 온종일 주가는 맥을 못 추었다. 이렇듯 셀트리온의 기업 가치는 꾸준히 증가하고 있는데도 주가는 흘러내리고 있는 것이다. 중요한 것은 주가는 기업 가치의 종속물이라는 것이다. 따라서 언젠가는 주가가 기업 가치를 따라잡을 것이다.

2016.8.30.

　오늘도 미국 금리 인상 이슈가 주식 시장에서 위세를 떨칠 줄 알았는데 다행히 그렇지 않았다. 그래서 코스피와 코스닥 지수 모두 상승하였다. 셀트리온 주가는 초반에 잘 나가다가 나중에는 강보합으로 마감하였다. 셀트리온의 호재는 계속됐다. 유럽 시장에서 램시마의 점유율이 40%를 넘었다는 소식이 들려왔다. 그 덕분에 주가가 초반에는 잘 나갔던 것이다. 그 정도면 충분하다. 셀트리온은 언제든 힘차게 상승할 준비가 돼 있다는 것을 확인했으니까 말이다.

자기 돈으로 투자하는 사람과 그렇지 않은 사람의 차이는 기업 오너와 전문 경영인의 차이만큼이나 크다. 자기 돈으로 투자하는 사람들은 갚아야 할 원금과 이자가 없다. 그러니 시간에 쫓길 이유가 없다. 주가야 제멋대로니까 스트레스받을 필요도 없고 상처받을 필요도 없다. 그러려니 하면 된다. 굳이 오늘 오르지 않아도 된다고 생각하면 마음이 편안해진다. 까짓것 내일 올라도 그만이고 모레 올라도 그만이고 다음 달 올라도 그만이다. 오른다는 확신이 있기 때문이다. 셀트리온의 주가가 상승하는 것은 확정적이므로 주가 흐름을 편히 지켜보면 된다. 사실 이번 달 전고점 돌파를 조심스럽게 예상했었다. 자연스럽게 목표 달성이 한 달 미뤄졌다.

2016.8.31.

주가는 올라가는 것보다 내려가지 않는 것이 더 중요하다. 주가가 내려가지 않는다는 것은 기업 가치가 탄탄히 주가를 받치고 있다는 증거이다. 일정 기간 주가가 유지되면 바닥을 다지는 것이 되며, 이것이 주가 상승의 발판이 된다. 여전히 공매도가 판을 치고 있지만 한 달 동안 셀트리온이 잘 버텨 냈다고 생각한다. 셀트리온의 지치지 않는 저력은 정말 강하다는 것을 확인했다. 그런데 더 중요한 것이 있다. 그 힘이 갈수록 강해지고 있다는 것이다.

6

2016년
9월~10월

2016. 9.

 2016.9.1.

날씨도 선선해지고 오늘부터 본격적으로 가을이 시작되니 왠지 아침부터 기분이 좋았다. 그런데 주가까지 셀트리온 주주들을 기쁘게 해 주었다. 어제에 이어 이틀째 상승한 것인데 9월의 첫날 출발이 좋아서 기분까지 좋았다. 오늘은 셀트리온 종목을 개인이 많이 팔고 그 물량을 기관이 다 매수했다. 여전히 단기 매매 하는 개인들이 많은 것이다. 주식은 단기 투자로 성공하기 어려운데 특히 셀트리온은 더 어렵다는 것이 대다수 주주들의 견해이다.

나는 아무리 자본주의 사회일지라도 돈이 되면 뭐든지 하는 게 정당화된다고 생각하지 않는다. 더구나 공공기관이 잇속을 채우느라 국민에게 해를 입힌다면 그것은 잘못된 것이다. 국민연금관리공단은 엄연히 공공기관인데 보유 중인 주식을 기관 투자가에 대여해 주고 수수료를 챙기고 있다고 한다. 이 주식들은 공매도에 이용되어 해당 주식의 주가를 떨어뜨리는 역할을 한다. 주식 대여 행위는 공공기관의 역할에 맞지 않는다. 특히나 정부에서는 제약 및 바이오 산업을 육성하겠다고 발표하고서 동 산업에 속한 회사들이 공매도로 피해를 보고 있는 것을 방치해서는 안 될 것이다. 다행히 한 국회의원이 국민연금관리공단의 주식대여를 중단하도록 하는 내용의 국민연금법 개정안을 발의했다고 한다. 정말 다행스러운 일이라 생각한다. 부디 이 개정안이 입법화되었으면 좋겠다.

2016.9.2.

미필적 고의라는 법률 용어가 있다. 적극적으로 행동하진 않지만 어떤 결과를 초래할 의도가 있거나, 어떤 결과가 초래될지 알면서도 적극적으로 막지 않는 것을 말한다. 정부가 담배, 술, 카지노를 허용하는 것은 모두 미필적 고의에 해당한다. 이들을 허용하면 국민의 건강이 위협을 받는다는 것을 알지만, 이권이라는 유혹을 떨치기 어려워 허용하는 것이라고 충분히 해석할 수 있다. 과연 정부는 국민의 안전과 건강에 관심이 있을까? 혹시 주식 시장에 일반인의 참여를 허용한 것도 이와 같은 맥락일까? 주식 시장 역사를 돌아보면 개인들은 백전백패였다. 정부가 알려 주는 것은 다음과 같다.

"개인들이 주식 시장에 들어오는 것은 자유지만 수익을 내는 것은 대단히 어렵습니다. 여러분이 다칠 수도 있다는 사실을 양지하시기 바랍니다."

그러나 정부의 속마음은 다음과 같지 않을까 싶다.

"수익을 내든 개털이 되든 모든 건 자기 팔자지. 우리 책임은 없어. 우리는 증권 거래세만 챙기면 돼. 하하하."

　주식 시장을 격투기와 비교해 보자. 아주 단순화하면, 프로 선수들이 대결을 펼치는 경기장에 아마추어 선수가 입장해서 프로 선수들 중 한 명과 대결하는 모습을 상상할 수 있다. 경기 결과는 뻔하다. 프로 선수와 아마추어 선수의 대결을 허용하는 것 자체가 문제이다. 만약 그것을 허용하려면 먼저 최대한 아마추어 선수를 보호할 장치와 규정부터 마련해야 한다. 우리나라 주식 시장에는 일반인을 보호하기 위한 장치와 제도가 있는지 정부에 묻고 싶다. 혹시 대답하지 않고 이렇게 반문할지도 모르겠다. "개인들 본인이 자발적으로 한 행위의 결과에 대해 왜 정부가 나서서 보호해야 하는가?" 그렇다면 정부는 참으로 무책임하다고 할 수밖에 없다. 개인 투자자 보호 규정을 마련하는 것에 반대하는 정부가 있다면 그 정부는 도대체 누구를 위한 정부인가?

　외국 주식 시장에도 공매도 제도가 있다고 한다. 중요한 것은 한국 주식 시장에서 벌어지는 공매도는 매우 불합리하다는 것이다. 공매도를 허용함으로써 정부에 어떤 이익이 돌아가는 게 아닌지 의심스럽다. 내가 아무리 장기 투자를 하고 있지만 주가 흐름이 지지부진하면 기분이 좋을 리가 없다. 하루가 쌓여 일주일이 되고, 한 달이 되고, 일 년이 된다. 장기 투자자들도 기약 없이 1년, 5년 씩 기다리는 것은 너무나 고통스럽다. 상승할 이유가 있으면 주가가 상승하고, 하락할 이유가 있으면 주가가 하락하는 것이 당연하다. 이런 상식이 주식 시장에서 지켜졌으면 좋겠다.

 **2016.9.4.**

주식 투자에 관한 한, 믿는 만큼 돈을 번다는 말은 진실이다. 본인이 투자한 종목을 진정 신뢰한다면 쉽게 팔 수 있을까? 신뢰하는 사람을 저버리고 나서 다시 믿어 달라고 하면 상대방이 믿어 줄리 없다. 한번 잃어버린 것은 되찾기 어려운 것이 세상사 이치이다. 기회도 한번 놓치면 다시 잡기가 좀처럼 어렵다.

주가는 럭비공과 같다. 회사는 신뢰할 수 있지만 주가는 전혀 신뢰할 수 없다. 주가는 정확하게 예측할 수 없기 때문에 성공적 투자를 위해서는 예측 자체를 아예 하지 않는 것이 가장 좋다고 생각한다. 잔머리 굴리다간 투자에 실패하기 십상이다. 주식 시장에서 돈을 버는 확실한 방법 3가지는 진득한 것, 잔머리를 굴리지 않는 것, 다른 대다수의 사람들과 반대로 행동하는 것이다. 그리고 내가 특별하다는 생각, 내가 아는 것을 다른 사람은 모를 거라는 생각을 하지 말아야 한다.

 **2016.9.5.**

셀트리온에서 개발한 램시마가 미국에서 시판될 날이 머지않았다. 한 달도 남지 않았으니 그야말로 카운트다운에 들어간 셈이다. 주주들의 관심사는 온통 이번 달에 얼마 상승할지 그리고 전고점

인 129,000원을 돌파할 지이다. 나는 이번 달에 전고점을 돌파하는 것이 중요하다고 생각하지 않는다. 연말까지 서서히 상승하다가 올해 마지막 개장일에 전고점을 살짝 돌파했으면 한다. 아주 소리소문없이 조용히 말이다. 셀트리온은 워밍업을 지겹도록 했기에 기초 체력이 탄탄하다. 이젠 정말 오를 일만 남았다고 생각한다. 단기간에 많이 오를 것이라고 기대하면 필연적으로 실망하게 된다. 지금까지 그런 적이 꽤 많았다. 그래서 되도록 기대는 안 할 것이다.

2016.9.8.

지난달까지 시장을 주도하던 S 전자의 주가 흐름이 꺾인 후 시장을 주도하는 종목이 사라져 버렸다. 코스닥 지수도 700선 아래로 떨어진 후 회복할 기미가 보이지 않는다. 코스닥 종목은 그동안 기대감만으로 많이 올랐었는데, 실적이 주가를 받쳐 주지 못해 주가가 떨어진 것이다. 셀트리온은 단순히 기대감으로 지금까지 주가가 상승한 종목이 아니다. 셀트리온은 기업 가치를 차곡차곡 늘려 왔다. 다만 바이오 업종의 특성상 바로 실적으로 연결되지 못하고 있을 뿐이다. 한국의 코스피, 코스닥을 통틀어 시장을 주도할 종목은 단연코 셀트리온이다. 그러나 한국의 주식 시장이 정의롭지 못해 셀트리온이 시장 주도주로 자리 잡지 못하고 있다.

 **2016.9.10.**

거의 모든 제약 종목이 올해 들어 하락하였다. 그만큼 작년 이후 이 종목에 대한 기대가 컸던 탓이다. 인간 세상에서 기대는 어김없이 실망으로 바뀌게 돼 있다. 기대를 충족하는 일이 그만큼 어려운 것이다. 현재 한국 증시의 제약 종목 중에서 셀트리온만큼 확실한 수익 모델을 갖췄으며, 꾸준히 내공을 다져 온 것은 없다. 그런데 이는 아는 사람만 안다. 그 사실을 모르는 사람은 여느 종목처럼 단타로 수익을 낼 생각만 한다. 빙산의 대부분은 수면 아래에 감추어져 있다. 그래서 일반 사람들의 눈에 잘 보이지 않는다. 기업의 가치는 빙산 전체의 크기로 결정된다. 수면 윗부분은 기업가치의 일부일 뿐이다. 다른 제약 종목 중에는 빙산으로 위장된 스티로폼도 있다. 스티로폼을 빙산처럼 보이게 하는 것은 사기이다.

제약 종목이 유망한 것은 사실이지만 모든 종목이 그렇지는 않은 것이다. 이 중에서 정말 좋은 종목을 골라야 한다. 그러나 그것은 눈앞의 이익을 좇는 사람의 눈에는 절대로 보이지 않는다. 그들에게는 항상 단타할 종목만 보이는 법이다. 행운의 여신은 대박의 꿈을 꾸고 있는 이런 사람에게 절대로 대박의 기회를 주지 않는다. 그래서 단지 부자가 될 욕심으로 가득한 사람들은 부자가 될 수 없다.

사업으로 성공한 기업가들에게는 돈 벌 욕심만 있었던 게 아니고 세상 사람들에게 좋은 일을 한다는 사명감이 있었다. 투자는 기본적으로 공생을 의미한다. 나만 잘되기를 바라는 것이 아니라 해당 기업도 잘되기를 바라는 마음을 가져야 한다. 단타꾼들에게는 그런 마음이 없다. 건전한 사고를 가진 투자자가 좋은 기업에 투자하면 해당 기업의 임직원은 투자자를 위해 열과 성을 다해 일할 것이다. 그 결과가 바로 투자자에 대한 보답이다. 이처럼 투자는 기업과 투자자 간의 공생 관계를 기초로 한다. 이 공생 관계가 견고할수록 기업도 크게 발전하고 자연히 투자자도 열매를 많이 분배받게 된다.

2016.9.12.

주식 시장의 역사를 쭉 살펴보면 악재가 없었던 시기는 없다고 한다. 상반기에도 브렉시트 이슈 등으로 주가가 폭락했었다. 하반기 들어서는 별다른 악재가 없다고 말하기가 무섭게 악재가 동시다발적으로 터졌다. 추석 연휴를 앞두고 각국 중앙은행들의 정책 변화와 북한 핵 실험, S 전자 핸드폰 리콜 사태가 한꺼번에 터진 것이다. 물론 H 해운 청산 위험이라는 이슈도 있다. 외국인이나 큰손들은 아마 속으로 쾌재를 부르고 있을 것이다. 큰손들은 이런 악재까지도 잘 이용하여 돈을 벌기 때문이다. 물론 그들도 주식 시장에서 손해를 보는 경우도 있겠지만 그 손실을 개인들에게 떠넘길 수 있기 때문에 그들은 큰 손해는 보지 않는다. 결국 악재가 터질 때마다 죽어나는 것은 개인이다.

　코스피와 코스닥 모두 폭락하였다. 다소 걱정스러운 것은 이번 사태가 브렉시트 때와 달리 비교적 오래 지속될 조짐이 보인다는 것이다. 하지만 악재도 결국 재료일 뿐이고 시간이 지나면 언제 그랬냐는 듯이 다시 주가는 상승할 것이다. 왜냐하면 주식을 대량 매도했던 큰손들이 다시 주식을 매수하기 때문이다. 큰손들은 악재와 호재를 이용해 주가를 쥐락펴락하는 힘이 있는 것이다. 개인들은 이런 사태를 미리 알 수도, 그들과 싸워 이길 수도 없으므로, 주가가 미친 듯이 올랐다 내렸다 해도 이것을 그냥 지켜보는 수밖에 없다. 그것을 즐겨야만 한다. 그들에게 지지 않으려면 말이다.

 **2016.9.13.**

　어제 내가 생각한 그대로 되었다. 정말 언제 그랬냐는 듯이 어제 폭락했든 주가가 오늘 반등한 것이다. 어제 하락분을 모두 회복하지는 못했지만 말이다. 사람들은 변화를 싫어하고 안정을 좋아한다. 그리고 불확실한 상황을 싫어하고 확정된 상태를 좋아한다. 예를 들어, 미국 금리 인상 이슈는 전 세계 증시에 악영향을 미친다. 미국에서 금리를 올릴 것인지 말 것인지 결정하기 전까지는 불안해서 증시가 출렁거리지만, 그것이 확정되면 별것 아니라는 식으로 시장은 반응한다. 그리고 예전에 금리가 높았을 때는 주식 투자가

좋은 재산 증식 수단이 아니었는지 각자 확인해 볼 필요가 있다. 그때는 사람들이 주식 투자를 하지 않았는가?

어제 한국을 대표하는 종목의 주가도 7% 하락하였다. 사람에게는 군중 심리가 있다. 공포 심리는 가장 빨리 전염되는 감정이다. 누군가가 패닉에 빠져 투매를 시작하면 너도나도 투매를 하게 된다. 어제 한국 최고의 종목도 그렇게 당했다. 아니 개인들이 당했다는 말이 옳다. 주가가 다시 폭등했으므로 그 회사는 전혀 피해를 본 게 없기 때문이다. 다만 그 과정에서 누가 돈을 벌었고 누가 돈을 잃었는지를 생각해 봐야 한다. 두말할 것 없이 어제 싸게 매수한 세력이 돈을 벌었고, 이성을 잃고 주식을 싸게 매도한 개인들이 돈을 잃었다. 다행히 이성을 잃지 않은 개인들은 자신의 재산을 지켰을 것이다. 어제 투매한 사람들은 오늘 주가가 제자리로 돌아가는 것을 보고 허탈함과 배신감을 느꼈을지도 모른다. 그러나 배신한 것은 본인이다. 시장 환경이 좋지 않다는 이유로 자신이 소유한 종목을 배신한 사람은 자기 자신이다. 여기서 알 수 있는 것은 장기 투자의 요건은 신뢰라는 것이다. 시장 환경에 민감하게 발 빠르게 대처하는 것은 투자자들에게 좋은 습관이 아니라는 것을 나는 재확인하였다.

 **2016.9.14.**

주가에 영향을 미치는 변수는 수도 없다. 주가는 살아 있는 생명체와 흡사하다. 쳐다보고 있으면 마음이 저절로 불안해진다. 운동 경기에 비유하자면 야구에 가깝다. 야구는 분위기를 많이 타는 종목이라고 한다. 그래서 쉽게 상대방을 역전하기도 하고 상대방에게 역전당하기도 한다. 경기를 지켜보는 코칭 스태프와 선수들은 긴장을 완화하기 위해 담배를 씹는다. 이유 없이(분명 이유는 있겠지만 그 이유는 큰손들만 알 것이다) 주가가 급락 또는 급등을 하기도 한다. 한 마디로 예측 불가이다. 먼 곳을 봐야 한다. 그러지 않으면 멀미를 하게 된다.

개인 투자자들은 지금 당장의 실적만을 보지 말고 적어도 10년 후의 실적을 예상하여 투자 여부를 결정해야 한다. 각 기업은 분기별로 실적을 발표하는데, 실적이 들쭉날쭉한 경우가 많다. 그래서 기업의 분기 실적이 발표되고 나면 주가가 급등락하는 경우가 많다. 개인 투자자들은 이런 주가 변동에 대처할 능력이 전혀 없다. 개인이 분기별 실적을 예측하는 것은 불가능하기 때문이다. 개인 투자자들은 기업의 분기별 실적에 연연하지 말고 중장기 실적에 관심을 두어야 승산이 있다.

셀트리온은 성장성과 수익성을 겸비한 종목이다. 한국에 이런 종목은 거의 없다고 생각한다. 솔직히 다른 제약사들은 분기별로 발표되는 실적 말고 주가를 떠받칠 무기가 없다. 분기 실적이 떨어지면 주가도 동반 추락한다. 특별히 기업 가치에 긍정적인 영향을 주는 공시를 내는 기업은 더더욱 적다. 성장성과 수익성 중 하나만 확보하고 있어도 대단한 건데 셀트리온은 두 가지 모두 갖췄다. 한 마디로 투자하지 않으면 안 되는 기업이라고 생각한다.

2016.9.16.

주식은 무릎에서 사서 어깨에서 팔라는 말이 있다. 물론 이 말은 장기 투자와는 무관하다. 그냥 철새 투자자들을 위한 증시 격언이다. 이는 단기 저점을 지나쳤다는 확신이 들었을 때 사서, 역시 단기 고점을 지나쳤다는 확신이 들었을 때 파는 전략을 말한다. 이렇게 하면 돈을 잃지 않고 확실히 돈을 벌 수 있다. 이렇게 돈 버는 아주 쉬운 방법이 있는데 왜 주식으로 망하는 사람이 존재할까? 해당 회사가 망하지 않을 거라는 확신이 들고 주가가 저점을 지났다는 확신이 들면 과감하게 그 회사 주식을 매수하면 된다. 해당 종목을 매수하기 전에 주가 흐름을 상당 기간 면밀히 주시해야 저점과 고점을 짐작할 수 있다. 절대로 짐작이지 확신이 아니다. 따라서 이성적인 사람이라면 이런 종목에 많은 돈을 투입하지는 않을 것이다. 이런 식으로는 돈을 벌더라도 많이 벌지 못한다. 시간이 좀 더 걸리더라도 큰 상승을 할 종목을 발굴해서 그 종목에 자신이 감당할 만큼 투자하는 것이 성공을 안겨다 준다.

그렇지만 위 격언은 여전히 유용하다고 생각한다. 탐욕을 멀리하라는 무언의 메시지가 담겨 있기 때문이다. 위에서도 얘기했지만 이 말은 즉흥적으로 매매하지 말고 주가 흐름을 지켜보면서 큰 욕심을 버리고 침착하게 매매하라는 의미가 숨어 있다. 이렇게 하면 손실을 보지 않거나 보더라도 최소화할 수 있기 때문에 초보 투자자들은 이 말을 명심해야 한다. 모든 분야에서 그렇듯이 주식 투자도 첫 경험이 중요하다. 좋은 투자 습관을 길러 놓으면 평생 써먹을 수 있다.

그런데 이 격언도 우량한 종목에만 해당된다는 것을 기억해야 한다. 초보자들은 현재의 가격이 싼지 비싼지 판단하기 어렵기 때문이다. 적어도 우량 종목이라면 다소 비싼 값에 샀다 하더라도 상당한 시간이 지남에 따라 주가가 오를 가능성이 있기 때문이다. 물론 단기적으로는 주가가 하락할 가능성이 있다. 실제로 주식 초보자들이 주식을 사고 나면 어떤 종목이든 상관없이 주가가 떨어지는 경우가 많다고 한다. 나도 그런 경험을 했다. 정말 희한한 일이다.

 **2016.9.17.**

한국 역사는 신화로 시작된다. 바로 단군 신화이다. 신화는 어떤 현상을 미화하는 측면이 다분히 있다. 그래도 굳이 신화라고 치켜

세우는 데는 그만한 이유가 있다. 역경을 딛고 모두가 불가능하다고 믿었던 일을 누군가 해냈을 때 사람들은 그것을 신화라고 칭송한다. 21세기에 들어와 그런 일이 또 있었다. 2002년에 대한민국 전사들이 이루어 낸 월드컵 4강 신화이다.

그리고 또 있다. 월드컵과 비슷한 시기에 시작되었다. 바로 셀트리온 신화이다. 이 신화는 아직 완성되지 않았다. 모든 일이 그렇듯이 시작은 미미했다. 다른 사람 눈에는 무모한 도전으로만 보였다. 그러나 시간이 흐를수록 세계를 놀라게 했으며 앞으로도 새로운 역사를 써 갈 것이다. 신화라고 하기엔 아직은 미약한 면이 있다. 지금으로부터 10년 후 세계 10대 제약사가 되겠다는 목표를 세웠으니 그 목표를 달성하면 어느 정도 신화의 모습을 갖추게 된다. 물론 그것이 끝이라는 생각은 하지 않는다. 그때에도 더 창대한 무언가를 꿈꾸고 있을 거라 믿는다.

월드컵 4강 신화와 셀트리온 신화의 공통점은 무엇일까? 이들 신화를 달성케 한 원동력은 무엇일까? 걸출한 지도자가 있었다는 점과 정도 경영을 했다는 점이 공통점이다. 히딩크 감독은 이전 감독과 달리 오직 축구에 대한 열정과 실력만으로 선수들을 선발하였다. 서정진 회장도 직원을 뽑을 때 학력보다는 일에 대한 열정과 사람됨, 올바른 가치관을 본다고 한다. 월드컵 4강 신화를 능가할 셀트리온 신화가 완성되길 빌어 본다. 셀트리온의 역사는 세상을 놀라게 한 역사이자 한국의 젊은이들에게 희망과 용기를 선사한 역사로 기록될 것이다.

 **2016.9.18.**

주가는 믿을 수 없는 것이라서 장기 보유하는 것이 유리하다. 이 말은 맞는 말이다. 그런데 주가는 믿을 수 없는 것이라서 장기 보유하는 것이 두렵다는 말은 맞을까? 주가는 기업 가치와 똑같이 움직이지 않으며 그야말로 제멋대로다. 그래서 투자자들을 불안하게 만든다. 기업 가치가 지속적으로 성장하는 회사의 주가도 믿을 수 없기는 마찬가지다. 이때는 기업 가치만을 봐야 한다. 주식 게시판을 보면 말이 안 되는 억지 주장을 펴는 글들이 있다. 그 글을 쓴 사람은 셀트리온은 신뢰하는데 주가가 횡보하기 때문에 개잡주이며 그래서 팔았다는 헛소리를 늘어놓는다. 이런 사람들은 정말 주식 투자를 하지 말아야 할 사람들이다. 주가가 아니라 회사를 믿을 수 없을 때 주식을 파는 것이 올바른 투자 행위이다. 그리고 개잡주는 회사 가치가 쪼그라들고 주가도 그만큼 폭락했을 때 그 주식을 가리키는 말이다.

H 약품처럼 기술 수출한 회사의 주가는 갑자기 천정부지로 치솟는 경향이 있다. 그러나 여기에는 함정이 있다. 올라간 주가는 모든 것이 순조롭게 진행되어야만 떨어지지 않는다. 하나라도 잘못되면 하락을 피할 수 없다. 날고 기는 애널리스트들이 정밀하게 계산한 그 회사의 가치도 어디까지나 확률에 기반을 둔 것이다. 확률은 확률일 뿐이다.

현실에서는 0(아직 안 일어났다)과 1(이미 일어났다)만이 의미가 있다. 그리고 특별히 실패했다는 뉴스가 나오지 않아도 갑자기 올라간 주가는 조정을 받게 마련이다. 실질적인 기업 가치가 증가하려면 상당히 긴 시간이 필요하다. 가치라는 것은 실체가 있지만 눈에 보이지 않는다. 눈에 보이지 않으면 없는 것으로 보려는 경향이 인간에게는 있다. 게다가 대부분의 인간의 인내심은 그리 믿을 만한 게 못 된다. 최악의 상황은 수출된 기술이 실패하여 폐기되는 경우일 것이다. 그렇게 되면 주가는 폭락에 폭락을 거듭할 수밖에 없다. 특별한 호재 없이 상한가를 기록한 종목과 다를 게 없다.

2016.9.19.

주식 투자를 하려면 남이 하는 말을 믿을 게 아니라 스스로 판단하는 능력을 길러야 한다. 물론 올바르게 판단하는 능력 말이다. 아직도 언론에서 하는 말을 모두 믿는 사람이 많다. 뉴스에 나오는 내용을 여과 없이 그대로 사실로 받아들이는 사람은 주식 투자를 해서는 안 된다. 눈에 보이는 것만 믿고 자신이 경험하지 않은 일은 믿지 않으며 지금까지 일어나지 않은 일은 앞으로도 일어나지 않을 거라고 굳게 믿는 사람도 주식 시장에서 크게 성공하기는 어렵다. 특히 스스로 판단하는 능력을 갖추지 못한 사람이 다른 사람의 말을 믿고 주식을 했다가 실패한 사람에게는 주식 투자는 절대로 해서는 안 된다는 그릇된 신념이 자리 잡게 될 가능성이 높다.

우리에게 더 중요한 것은 과거나 현재의 일을 믿는지보다는 미래의 일, 즉 아직 일어나지 않았지만 앞으로 일어날 거라고 믿는 지이다. 특히 주식 투자자에게는 말이다. 흔히 사람들은 과거와 현재를 바탕으로 미래를 예측하는데, 그것은 아직 일어나지 않은 일은 앞으로도 일어나지 않을 거라고 예측하는 것을 말한다. 사람들은 불안함을 싫어하기 때문에 미래 예측을 과신한다. 사실 인간이 하는 일 중에 완벽한 것은 아무것도 없다. 과거와 현재가 미래에 영향을 미치기는 하지만, 미래가 현재가 되는 과정에서 무수한 변수들이 관여한다. 인간의 능력으로는 이 무수한 변수들을 처리하지 못한다. 따라서 주식 투자에서는 자신의 직관을 믿는 것이 현명하다. 스스로 합리적인 자료 분석을 하고 상식적이고 이성적인 판단이 섰을 때 머릿속에 떠오르는 생각 말이다. 투자자들은 많은 사람들이 가진 고정관념을 버려야 하며, 도덕이 비도덕을 이기고 선이 악을 이긴다는 신념도 필요하다고 생각한다.

결국 열쇠는 올바른 가치관과 신념, 직관이다. 이런 것들을 토대로 뉴스에 나오는 내용, 다른 사람이 하는 말과 행동의 진위를 판단할 수밖에 없다. 올바른 가치관에 바탕을 둔 신념을 갖춘 사람이라면 다른 사람이 하는 말, 다른 사람이 쓴 글이 사실인지 아닌지 올바르게 판단할 수 있다고 생각한다. 정의의 칼은 모든 것을 꿰뚫을 수 있기 때문이다. 확률을 맹신하는 것도 투자자에게는 바람직하지 않은 태도라고 생각한다. 확률이 낮은 사건은 자주 일어나지 않거나 거의 일어나지 않는다는 뜻이지 절대로 일어나지 않는다는 것을 의미하지는 않는다. 따라서 지금까지 일어난 일만 중요시하고 아직까지 한 번도 일어나지 않은 일은 가볍게 무시하는 것은 좋은 태도가 아니다.

지금까지 어떤 일이 한 번도 일어나지 않았지만 언젠가 반드시 일어나리라고 믿는 사람은 어떤 사람일까? 바로 미래를 내다보는 눈을 가진 사람이다. 그리고 다른 사람에게 자신의 판단이 옳다고 말할 자신감과 용기를 가진 사람이다. 그들은 한번 믿은 것은 끝까지 믿는 일관성과 뚝심을 갖췄다. 셀트리온이 세계 10대 제약사가 된 다음에 비로소 좋은 기업이라고 인식하는 것은 너무 늦다. 그때는 돈을 벌 기회가 사라진 상태이다. 적어도 주식 시장에서 지나치게 보수적이고, 위험을 극단적으로 멀리하는 사람은 돈을 벌 수 없다. 그리고 다른 모든 사람이 믿은 후에야 그것을 사실로 받아들이는 사람, 다른 사람과 똑같이 생각하고 행동하는 사람도 마찬가지이다.

2016.9.20.

사실 어제부터 9월 말과 10월 초를 전후해서 세력들이 어떤 식으로 셀트리온 주가를 주무를지 궁금했다. 10월 초에 램시마가 미국에서 판매되기 시작하는데 틀림없이 그들은 이때를 놓치지 않고 자기들 배를 채우려고 할 것이다. 내가 궁금한 것은 주가가 9월 말에 폭등할지 10월 중순 이후 폭등할 지이다. 어쨌든 이번에도 폭등했다가 다시 폭락할 거라고 마음 편히 생각하기로 했다. 이제는 주가가 오르든 내리든 그것을 즐길 생각이다. 마음을 졸일 하등의 이유가 없다.

2016.9.21.

주식을 처음 매수한 사람들이 가장 두려워하는 것은 주가가 자신이 매수한 가격보다 떨어지는 일이다. 아마도 주가가 떨어질 때 느끼는 공포는 원초적 공포인 듯하다. 사람들은 꿈속에서도 떨어지는 공포를 체험한다. 중력의 법칙은 이 세상을 지배한다. 중력을 거스를 수 있는 동물들에게는 모두 날개나 날개 역할을 하는 것이 있다. 인간은 날개가 없으므로 중력을 거스르지 못한다. 비행기도 고장이 나면 바로 추락하기 시작하며 그 결과는 정말 참혹하다. 주가도 떨어지기 시작하면 계속 떨어진다. 어디까지? 바닥까지 떨어진다. 심지어 바닥이라고 생각했는데 지하실이 있는 경우도 있다. 주가가 폭락하면 증발했다는 말을 쓰기도 한다. 사람들은 주가가 연속적으로 떨어지거나 폭락하면 본능적 공포를 느낄 수밖에 없다. 눈에 보이는 건 주가밖에 없기 때문이다.

주식 시장에 처음으로 들어오는 개인들은 어느 정도 공포로 인한 손실을 각오해야 한다. 공포를 느끼지 않는 사람은 없기 때문이다. 공포는 외부에서 오기도 하지만 막대한 자본과 뛰어난 정보력을 갖춘 기관 투자가들이 인위적으로 만들어 내기도 한다. 그러나 개인들은 별다른 생존 무기가 없기 때문에 그냥 당하기에 십상이다. 공포를 이기기 위해서는 담력을 키우는 것도 필요하지만 공포 자체를 즐기는 것이 가장 좋다.

대놓고 얘기하자면 주식 시장에서 개인들은 기관 투자가들의 밥이다. 기관 투자가들이 주식 시장의 주인이라고까지 말할 수는 없지만, 기관 투자가들이 고래인 것만은 분명하다. 개인들은 한낱 새우일 뿐이다. 한마디로 주식 시장은 고래들의 싸움터인데 정부에서 새우들도 입장할 수 있도록 허용한 곳이다. 그러나 새우들을 보호해 주는 장치는 거의 없다. 주식 시장에 입장하는 것은 자유지만 어떤 결과도 본인 책임이다. 개인들은 스스로 자신을 보호해야 한다. 어쩌면 고래들에게 새우들은 불청객이다. 그러나 고래들은 곧 생각을 바꿨을 것이다. 자기들끼리 피 터지게 싸우는 것보다 새우라는 쉬운 상대와 싸우면 피해를 최소화하고 이익을 극대화할 수 있다는 약아빠진 생각을 했을 것이다. 고래들은 호황일 때 비싼 값에 주식을 개인들에게 팔아넘겼다가, 불황기에 그들을 공포에 빠뜨려 그들이 가진 주식을 싼값에 매집하는 전략을 자주 사용한다.

따라서 개인들이 기관 투자가들의 전략에 휘말리지 않으려면 공포를 관리해야만 한다. 그리고 그들의 그런 전략에 내 몸을 맡길

줄 알아야 한다. 인간의 본능인 공포를 관리하는 법을 터득하는 것이 주식 투자 성공의 비결이며 지름길이다. 공포를 극복하기 위해서는 주가의 특성을 알아야만 한다. 따라서 주식 투자를 하기 전에 주가 흐름을 오랜 시간 지켜보는 연습이 필요하다. 워밍업이 필요한 것이다. 그러면 절대로 오르기만 하거나 내리기만 하는 종목은 없다는 것을 알게 될 것이다. 이른바 개잡주가 아니라면 말이다. 주가는 주식을 사려는 세력과 팔려는 세력 간 힘겨루기의 결과이다. 매도세가 매수세보다 강하면 주가는 하락하고 매도세가 매수세보다 약하면 주가는 상승한다. 아무리 좋은 회사의 주식일지라도 주가가 기업 가치를 넘어서게 되면 차익을 실현하기 위한 매물이 많이 나와 주가가 힘을 잃게 된다.

이처럼 현행법상 주식 투자는 많은 위험이 따르는데 현실적으로 본인이 그 위험을 감수할 수밖에 없다. 역사적으로 자본주의는 점점 거대 자본의 힘이 세상을 지배하는 것으로 의미가 변질해 왔기 때문이다. 그러므로 누가 좋은 종목이라고 추천한다고 해서 아무 생각 없이 덜컥 매수해서는 안 된다. 철저히 본인이 공부하고 판단해서 투자를 시작해야 한다. 다른 사람의 의견을 듣고 투자를 한 사람들은 흔히 그 책임을 다른 사람에게 돌리려는 경향이 있는데 부질없는 짓이다. 이미 되돌릴 수도 없으며 달라지는 것은 아무것도 없다.

어떤 주식을 매수한 후 주가가 매수 가격보다 떨어지는 경험은 누구나 한다고 한다. 기업 가치의 변화가 없어도 주가는 늘 올랐다 내렸다 하기 때문이다. 개인들이 어떤 종목을 집중적으로 매수하기 시작하면 기관 투자가들은 그것을 매도의 신호탄으로 간주한다. 그들은 그동안 매수했던 주식을 팔 만반의 준비를 갖춘다. 조금씩 조금씩 매물로 내놓다가 갑자기 한꺼번에 쏟아 낸다. 주가가 잘 나가다가 갑자기 폭락하는 것은 이 때문이다. 기관 투자가들은 해당 기업의 재료들이 모두 노출되고 주가도 오를 만큼 오르면 차익 실현에 나서는데, 공교롭게도 그 시점은 바로 개인들이 집중적으로 매수하는 때와 겹친다.

이런 일이 일어나는 근본적 이유는 많은 개인들이 최근에 많이 상승한 뜨거운 주식에 올라타서 단기간에 차익을 실현하고자 하기 때문이다. 급등주로 짧은 기간 내에 푼돈을 버는 것이 불가능하지는 않다. 그러나 매수 시점을 정확히 포착하는 것이 대단히 어렵다. 급등주만 보면 눈에서 불이 켜지고 저건 내 돈이야 하면서 탐욕이 고개를 든다. 사긴 사야겠고 언제 사야 할지 노심초사하다가 막차를 타는 순간 손실은 확정돼 버린다. 단기에 돈을 벌려다가 눈 깜짝할 사이에 손실을 보는 것이다. 이렇듯 단기 매매의 결과는 돈을 벌었든 손해를 봤든 모든 것이 운이 작용한 결과라는 것을 알아야 한다. 운 좋게 돈을 벌었으면 한 번 경험으로 족하고,

돈을 잃었다면 액땜했다고 생각하고 다시는 하지 말아야 한다. 주식은 무릎에서 사서 어깨에서 팔아야 한다고 하지만 이것도 쉬운 것이 아니다. 첫째는 탐욕 때문이고, 다른 하나는 개인의 예측은 대단히 부정확하기 때문이다.

장기 투자의 최대 걸림돌은 공포이다. 자신이 가진 종목의 가격이 급등하면 불안하고 급락하면 공포를 느끼며 주가가 요지부동이면 지루함을 느끼기 때문이다. 이것은 21세기 첨단 과학으로도 어찌할 수 없는 인간의 근원적 감정이다. 이 공포가 수많은 개인들을 단타라는 수렁으로 몰아간다. 이 공포 때문에 작은 이익에 만족해야 하고 잦은 손절매를 함으로써 불필요하게 손해를 보고 수수료를 낭비하게 된다. 결론은 주식 투자로 성공하려면 공포라는 괴물을 극복해야 한다는 것이다. 공포를 극복할 자신이 없으면 아예 주식판을 기웃거리지 말아야 한다.

2016.9.23.

좋은 종목 고르는 요령은 무엇일까? 우선 시장 지배적 기업이어야 한다. 시장 점유율 1위 기업을 골라야 하며, 만약 순위가 내려앉으면 새로운 1위 기업으로 갈아타야 한다. 둘째, 경쟁자가 없거나 적어야 하며 경쟁자가 쉽게 따라 할 수 없는 경쟁 우위를 갖춘 기업이어야 한다. 셋째, 시장 자체가 갈수록 커져야 한다. 그래야 기업의 매출도 지속적으로 증가한다. 이왕이면 다른 시장까지 흡수할 정도가 되면 더 좋다. 넷째, 경영자가 신뢰할 만한 사람이어야 한다. 경영자는 정도 경영을 해야 하고 주주들에게 회사에 관한 모든 중요 정보를 알려 줘야 한다. 다섯째, 회사 임직원들이 도전 정신과 열정으로 충만해야 한다. 여섯째, 경영자가 직원들 앞에서 솔선수범해야 하며 주주들에 대해서는 책임 경영을 실천해야 한다. 셀트리온은 이 조건들을 모두 충족하는 회사라고 생각한다.

2016.9.24.

공자는 안다는 것의 정의를 명확히 말했다. 그는 아는 것은 안다고 말하고 모르는 것은 솔직하게 모른다고 말하는 것이 아는 것이라고 했다. 옛날에도 그랬겠지만 요즘같이 다원화된 세상에서 한 사람이 모든 것을 아는 것은 불가능하다. 사람들은 투자할 종목을 선택할 때 해당 기업에 대해 모든 것을 속속들이 알아야 한다고 생각할지도 모른다. 그러나 그것은 불가능하다. 나를 비롯해 셀트리온 주주들은 셀트리온에 대해 모르는 것도 많다. 하나를 보면 열을 알 수 있다는 말이 있다. 해당 기업에 대해 모든 것을 알 수 없기도 하지만, 굳이 다 알 필요도 없다고 생각한다. 시시콜콜한 것까지 알려고 노력하는 것은 오히려 시간 낭비이다. 작은 것은 무시하고 큰 것을 보아야 한다. 셀트리온에 대한 자료를 아무리 찾아

봐도 회사의 미래에 관한 정보는 없다. 단지 과거와 현재에 관한 내용밖에 없다.

과거 주가 차트를 들여다보면서 내가 왜 이 기업에 투자하지 않았을까 하고 후회하는 사람들이 많다. 그러나 딱 거기까지다. 앞으로 고속 성장할 다른 기업을 찾을 노력은 하지 않는다. 이들은 미래를 볼 줄 아는 혜안이 없기 때문이다. 어쩌면 그들은 자기 자신도 믿지 못하는 사람들이다. 튼튼한 돌다리가 앞에 있는데도 기다렸다가 다른 사람들이 안전하게 건너가는 것을 보고 나서야 건너려고 할 것이다. 아마도 이런 사람들은 텔레비전에서 10년 후 뉴스를 방송해 주기를 바랄지도 모른다.

2016.9.25.

바이오 사업은 정도 경영을 하는 회사만이 성공할 수 있다고 생각한다. 다른 사업도 마땅히 정도 경영을 해야 하지만 현실은 그렇지 못하다. 그런데 한국의 거대 재벌 기업들 중 정도 경영을 통해 성장해 온 기업은 솔직히 말해 없다. 요즘 대기업들도 바이오 관련 사업을 하고 있다. 바이오 사업은 성과를 내기까지 자본과 시간이 많이 들어간다. 따라서 최고 경영자가 임직원을 무한 신뢰해야만 성공할 수 있는 것이다. 막대한 자본보다 중요한 것은 총수의 인내심과 직원에 대한 신뢰이다. 이것은 정도 경영을 하는 경영자의 특징이기도 하다.

한국의 대기업들은 막대한 자금력을 갖추고 있다. 하지만 앞에서 말한 이런 것이 결여돼 있다. 이런 사실은 새로운 사업을 하는 데 치명적 결함으로 작용한다. 한국 대기업들의 현 최고 경영자들은 눈에 보이는 단기 성과에 집착하는 경향이 있다. 그들은 먼 미래를 보고 과감한 투자를 하지 못하고 당장 돈이 되는 사업에만 투자하려고 한다. 그들에게는 창업자에게서 물려받은 사업체를 지키는 일이 가장 중요할 것이다. 그들은 스스로 사업을 일으켜 차츰차츰 키워 가는 과정에서 느끼는 재미와 보람을 모른다. 게다가 그들은 경영 능력을 검증받지도 못했다. 그래서 셀트리온 주주들은 뒤늦게 바이오 사업을 시작한 대기업들이 셀트리온에게는 적수가 되지 못한다는 것을 잘 알고 있다.

2016.9.26.

미국 금리 인상 이슈는 한국 증시에 가장 큰 영향을 미치는 외부 환경적 변수이다. 올해 미국 금리 인상 이슈는 새로운 분기가 시작될 때마다 불거져 나왔다. 그러나 이런 것이 증시에 영향을 미치는 것은 일시적이라고 생각한다. 단타를 하는 사람은 이런 작은 이슈에도 신경을 곤두세우는 경향이 있다. 하지만 진정한 투자를 하는 사람들은 이런 것들을 대수롭지 않게 여긴다. 이런 것들은 머리 위로 지나가는 구름 또는 소나기일 뿐이다. 투자를 하는 사람들은 외부 환경은 가능하면 무시하고 투자의 본질에 집중해야 한다. 주식 투자는 결국 기업과 동반자적 관계를 유지함으로써 기업과 함께 성장하기 위해서 하는 것이다. 따라서 투자의 본질은 기업 가치의 증가이다. 투자자들은 기업 가치가 지속적으로 증가하는지에 집중하여야 한다.

 **2016.9.27.**

우리나라 시간으로 오전 10시에 미국 대선 후보자 토론회가 열렸다고 한다. 사람들은 어느 후보가 대통령이 될 것인지에 관심이 많은 듯하다. 어쨌든 민주당 후보가 공화당 후보에 대해 토론회에서 우세를 보였다고 한다. 대선 결과는 두고 봐야 알겠지만, 민주당 후보가 당선돼야 주가에 긍정적이라고들 하니 일단은 안심이 된다.

셀트리온 주가는 줄곧 약세를 보였다. 코스피와 코스닥 지수가 약세를 보이다가 상승 마감한 것과는 대조적이었다. 어제 내가 예상한 것은 이번 주 남은 4일 중에서 하루 상승하고 모두 하락할 것이라는 거였다. 내 예상이 맞을지 틀릴지 알려면 3일 더 지켜봐야한다. 남은 3일 중 언제 상승할지 궁금하다. 8월 말 종가인 106,800원만 사수했으면 좋겠다. 그 이상을 바라는 것은 아무래도 욕심일 것이다.

2016.9.28.

어떤 일을 하든 초심을 잃지 않는 것은 아주 중요하다. 내가 주식 투자를 시작한 이유는 은행금리가 만족스럽지 않았기 때문이다. 부자들이라고 해서 크게 다르진 않다고 한다. 그들은 본업으로 돈을 벌지 재테크에 목숨을 걸지 않는다. 그들은 주식 투자를 통해 단지 은행 이자보다 조금 높은 수익을 기대할 뿐이다. 나도 그렇다. 지금까지 거둔 수익은 은행 이자보다 높다. 그거면 충분히 내 목적을 달성한 셈이다. 나머지는 보너스라고 생각한다. 보너스는 있으면 좋은 것이고 없어도 그만이다. 앞으로도 한 달 평균 1%의 수익만 난다면 대만족이다.

주가가 3일 연속 하락하였다. 그러나 오늘의 주가는 목적지까지 가는 과정일 뿐이라고 생각한다. 사람도 성장하려면 성장통을 겪게 마련이다. 조금 돌아간다고 생각하면 된다. 시간이 좀 더 걸릴 뿐 목적지에 반드시 도착한다는 사실은 변함없다. 이런 일도 시간이 지나면 아련한 추억으로 쌓일 것이다. 그래서 나는 실망하지 않는다.

　며칠 전 메리츠자산운용의 대표 이사인 존 리(John Lee)의 동영상 강의를 우연히 듣게 되었다. 이분은 젊은 나이에 미국으로 건너가 20년 넘게 투자 업무를 해 왔다고 한다. 그러다가 문득 자신이 태어난 한국에 와서 일해 보고 싶은 생각이 들어 단숨에 모든 것을 정리하고 자신의 팀원들과 한국에 돌아왔다. 그는 대학생 시절 한국은 자신의 꿈을 펼칠 만한 곳이 아니라는 생각이 들어 돌연 미국행을 선택했는데, 많은 시간이 흘렀지만 여전히 한국은 자신의 상식을 뒤엎는 곳이었다고 한다. 그래서 처음에는 한국에 돌아온 것을 후회했다고 한다.

　그가 미국에서 해 온 투자 방식은 장기 투자였다. 미국에서는 전반적으로 주식 투자를 건전한 행위로 인식하고 있으며 모든 투자자들에게 장기 투자가 보편화돼 있다고 한다. 그러나 몇십 년 전만 해도 상황이 그렇지 않았다고 한다. 그러니까 존 리 대표가 한국에 와서 본 것은 바로 몇십 년 전의 미국의 모습이었다. 그는 한국에 돌아와서도 장기 투자를 하고 있으며 시간 날 때마다 강연을 하면서 주식 투자의 필요성과 장기 투자의 중요성을 역설하고 있다. 그는 평범한 직장인은 절대로 부자가 될 수 없고 부자가 되기 위해서는 반드시 주식 투자를 해야 하며, 노후 대비를 위해서라도 주식 투자는 필수적이라고 말한다. 부자는 두 가지 유형이 있는데 하나는 사업을 하는 사람이고 다른 하나는 주식 부자라고 한다.

그리고 그 둘의 관계는 동업자 관계라고 말한다. 그가 한 말 중 가장 충격적인 것은 한국은 가짜라는 말이다. 틀린 말이 아니었기에 더욱 충격적이었다.

그가 말한 내용을 요약하면 이렇다. 주식은 절대로 도박이 아니다. 주식은 가장 합리적인 부의 재분배 수단이므로 전 국민이 주식 투자를 하면 빈부 격차가 줄어든다. 위험을 회피하려고 하면 아무것도 할 수 없다. 은행 예금도 절대로 안전하지 않다. 시간이 지날수록 화폐가치가 떨어지기 때문이다. 주식은 사고파는 것이 아니라 그냥 사서 모으는 것이다. 장기 투자 수익률이 단기 투자보다 월등히 높다. 왜냐하면 복리의 마법 때문이다. 특별한 이유가 없는 한 주식은 매도할 이유가 없으며 자식에게까지 물려주는 것이다. 한국에서는 사교육비가 많이 들어 부모들이 노후 대비를 제대로 하지 못한다는 조사 결과가 있는데, 사교육은 자식을 망치는 길이며 차라리 그 돈으로 주식을 사서 자식에게 주는 것이 자식을 위한 길이다. 돈만 많다고 부자가 아니다. 돈을 잘 쓰는 사람이 부자이다. 자식에게 돈이 중요한 것이라는 사실 그리고 돈을 잘 쓰는 법을 가르치라. 부자처럼 보이려고 노력하지 말고 부자가 되려고 노력하라.

세력들이 여러 환경적 악재들을 이용하여 주가를 급락시켰고, 결국 이번 달 종가는 8월 말 종가 106,800원 아래로 굴러떨어졌다. 세력들이 이른바 개미 흔들기 작전을 펴고 있는 듯하다. 최악의 상황으로 보이지만 이런 최악의 상황에서도 희망이라는 꽃은 늘 피어났다. 주가는 희망을 먹고 자란다. 이미 벌어진 일은 어찌할 수 없다. 지금보다 좋아질 거라는 희망이 있으면 모든 것이 정상화될 수 있다.

오늘 주가 폭락의 원인은 H 약품이었다. 이 회사의 주가가 떨어지자 덩달아 셀트리온을 비롯한 제약 및 바이오 관련 주식이 떨어진 것이다. 이 회사는 어제 1조 원 기술 수출 공시를 했는데, 초반에는 상승했다. 그러다가 다른 악재가 터져 대폭락으로 마감하였다. 작년에 이 회사의 기술을 수입한 외국 제약사가 임상시험을 중단한다는 발표를 한 것이다. 초반 상승분을 반납한 것은 물론이고 과도할 정도로 하락하고 말았다.

세력들은 이런 악재를 너무나 잘 이용한다. 그들은 호재보다 악재를 더 선호한다. 악재가 일어나면 이게 웬 횡재냐 하면서 주가를 인정사정없이 떨어뜨린다. 바로 공매도를 통해서 말이다. 그러고 나서 다시 주가를 적당한 선까지 끌어올린다. 이 과정에서 공포를 이겨 낼 수 있는 개인들은 많지 않으므로 피해를 보는 개인들이 속출한다. 갈수록 주식 시장이 세력들의 추악하고 탐욕스러운 악행이 판치는 곳으로 변하고 있어 걱정이다.

2016.10.1.

지난주는 셀트리온 주가가 5일 연속으로 떨어졌다. 단타꾼들은 말할 것도 없고 장투(장기 투자)를 하려고 마음먹었던 심약한 개인들도 주식을 처분했을 거라 생각한다. 그것이 바로 세력들이 의도한 바이다. 주가 폭락 시기에 주식을 매도하는 사람들은 철저하게 세력들에게 이용당하는 것이다. 개인들이 성공적인 투자로 가는 길에서 만나는 가장 큰 걸림돌은 바로 세력들이다.

문득 돈을 벌고 싶은 젊은이가 부자 노인을 찾아가서 돈을 모으는 방법을 물었다는 옛날얘기가 생각난다. 그 노인은 대답 대신에 그 젊은이에게 나무 위로 올라가라고 말했다. 젊은이가 나무 위로 올라가자 노인은 나무를 마구 흔들어 댔다. 젊은이는 나무에서 떨어지지 않기 위해 나뭇가지를 꽉 붙들었다. 젊은이는 노인에게 왜 그러느냐고 물었다. 노인은 돈이 손에 들어오면 지금 한 것처럼 꽉 붙들라고 했다. 참으로 간단하면서도 쉬운 가르침이다. 돈을 쓰지 않아야 돈을 모은다는 말은 많이 듣지만 좀처럼 실천하기 힘들다. 그렇기에 노인은 젊은이에게 돈을 쓰지 않는 것이 어떤 것인지 실감 나도록 가르친 것이다. 이 우화를 통해서 나는 세력들이 아무리 주가 조작을 해도 셀트리온 주식을 손에서 놓지 말아야겠다는 다짐을 또다시 하게 된다.

 **2016.10.2.**

　인간관계의 기본은 신뢰인데 이는 회사를 경영하는 데도 아주 중요하다. 모든 사람이 실수하듯이 잘나가는 회사도 간혹 실수를 한다. 실수하는 것 자체는 문제가 아니다. 어떤 실수를 했는지와 그 실수를 어떻게 수습하는지가 중요하다. 최근에 한국의 대표적 두 기업이 실수를 했다. 한 기업은 어처구니없는 실수를 한 데다가 대처까지 미흡했고, 한 기업은 구태의연하게도 내부 거래를 하는 회사에 지나치게 의존하다가 실수를 했다. 치명적인 실수를 한 기업은 시장의 신뢰를 잃게 되고 그 회사의 주가는 곤두박질친다. 이익만을 추구하는 경영은 정도 경영이 아니다. 폭리를 취한 다음 생색내면서 그 수익의 일부를 자선 단체에 기부해 봤자 요즘 사람들은 고운 시선으로 보지 않는다. 회사의 고객이야말로 회사가 섬겨야 할 대상이다. 한국 기업들 중에는 말로만 고객을 섬기는 회사가 많은 듯하다.

인간의 심리는 아주 복잡 미묘하다. 인간의 심리를 한마디로 설명하는 것은 어렵다. 한번 마음을 먹어도 그것이 오래가지 않는 경우가 많다. 장기 투자를 마음먹었다 할지라도 불안해서 곧 매도하는 경우가 있는가 하면, 단타를 위해 산 주식을 의도치 않게 비교적 장기 보유하는 경우도 있다.

으레 사람들은 자신이 가진 주식의 주가가 떨어지면 더 떨어질 것 같아서 걱정하고, 올라도 다음 날 떨어질 것 같아서 노심초사한다. 주식을 매도하고 싶은 충동을 느끼는 것은 그 때문이다. 반대로 자신이 가지고 있지 않은 주식의 주가가 떨어지면 다음 날 반등할 것 같아서 그 주식을 매수하고 싶은 충동을 느낀다. 주가의 등락이 단순한 패턴을 보인다면 사람들이 공포를 느낄 이유가 없지만 실제로는 그렇지 않다. 연속으로 하락하는 날도 있고 이유 없이 하한가를 기록하는 날도 있다. 물론 이유 없이 상한가를 기록하거나 연속으로 상승하는 주식도 있다. 개인들이 접하는 정보는 모두 공개된 것들이다. 반면 세력들은 정보 자체를 통제할 힘이 있다. 개인이 그들에게 도전하는 순간 패배는 결정돼 버린다. 개인들이 성공적인 투자를 위해 할 수 있는 것은 주식 매수와 매도를 신중히 하는 것뿐이다. 주가가 오르든 내리든 흥분을 가라앉히고 이성적으로 대처해야 한다.

특히 기업의 가치가 증가하고 있는 종목은 주가가 지지부진하다고 함부로 매도하면 안 된다. 주가는 기업 가치의 그림자이므로 등락 자체를 스릴 있게 즐길 줄 알아야 한다. 이런 능력이 큰 수익을 누리는 데 필요한 자격이라면 자격이다. 장기 투자를 하고 있는 종목은 중간에 매도했다가 재매수하는 전략을 사용하면 안 된다. 장기 투자를 하려면 주식에 대한 강한 믿음이 필요한데 중간에 매도해 버리면 그 믿음에 금이 가기 때문이다.

투자의 대가들은 주식을 몹시 팔고 싶을 때는 팔지 말고 몹시 사고 싶을 때는 사지 말라고 말한다. 가격이 많이 올랐다는 이유로 주식을 팔거나 많이 내렸다는 이유로 주식을 사서는 안 된다는 의미라고 생각한다. 따라서 단기적인 시각으로 주가를 바라보지 말고 장기적이고 큰 눈으로 지그시 바라봐야 한다. 그리고 아무리 좋은 종목이라도 쉽게 돈을 벌게 해 주지는 않는다는 사실을 기억해야 한다.

2016.10.4.

H 약품 주가가 반등하지 않을까 조심스레 예상했지만 또다시 하락하고 말았다. 이번 사태의 본질은 신약 개발 실패가 아니라 기업의 부도덕성이다. 주가가 과도하게 하락한 면이 있기는 하지만 하락 자체는 불가피한 상황이다. 기업 가치가 심각하게 훼손되었기 때문이다. 그런데 이번 사태가 문제가 되는 것은 거의 동시에

일어난 호재와 악재를 같이 발표하지 않고 시차를 두고 공시한 것이다. 그 때문에 주가는 천국을 향하다가 돌연 지옥으로 돌진하고 말았다. 수많은 개인들이 피해를 본 것은 말할 것도 없다. 이렇게 호재를 먼저 발표하고 뒤이어 악재를 발표한 것은 어떤 나쁜 목적이 있을 거라 짐작된다. 증거는 없지만 말이다. 이번 사태를 계기로 투자자들은 다시 한 번 기업의 도덕성에 관심을 기울여야 할 것이다.

여기서 또 하나 생각해야 할 문제는 제약 기술을 수출하는 제약사의 기업 가치에 관한 것이다. 기술 수출 자체는 좋은 것이었으나 그간 우리 증시가 대규모 기술 수출을 경험한 적이 없다는 것이 문제이다. 그래서 시장은 단군 이래 제약 부문 최대 수출이라는 쾌거를 달성했다고 긍정적인 면만을 봤다. 물론 자체적으로 임상시험을 할 능력이 없었기 때문이지만, 그랬다면 주가가 수직 상승하는 일도 없었을 것이다. 제약 기술 수출은 우리에게 기적으로 다가왔지만 결국 모래알로 만든 신화라는 것이 증명된 셈이다.

또 하나 이번에 투자자들은 확률 '제로'의 의미와 그 위력을 새삼 실감했을 것이다. 높지는 않더라도 성공 가능성이 열려 있다는 것과 가능성 제로(제품 개발 중단)는 천지 차이이다. 결과적으로 H 약품의 제약 기술 수출은 건전한 투자를 방해한 셈이고 주식 시장을 투기판으로 만드는 역할을 했다. 시장의 기대가 컸던 만큼 실망도 대단히 컸다. 내가 이 회사에 많은 돈을 쏟아부었다면 지금 심정이 어떨까? 생각만 해도 끔찍하다.

H 약품의 기술 수출 계약이 공시되자 사람들은 기술 수출 총액에만 사로잡혀 눈이 멀고 말았다. 사람들은 막연히 수출된 기술이 제품으로 개발될 거라고 믿었던 것이다. 기업 가치를 분석하는 애널리스트들도 경험이 없다 보니 일반인과 크게 다르지 않았다. 약품 개발의 각 과정에서 하나라도 문제가 생길 경우 올라갔던 주가가 이렇게나 떨어질 줄 그들도 몰랐던 것이다.

제품 개발에 실패한다는 것은 투자자들의 기대감이 무너지는 것을 의미하므로 필연적으로 해당 기업의 주가 폭락을 동반하게 된다. 개발 실패 소식이 이렇게 큰 악재가 될 줄 어떤 투자자도 몰랐을 것이다. 그런데 공매도 세력은 이번에도 자신들의 존재성을 과시하였다. 주가 폭락을 부추긴 것이다. 참으로 어이없었다. 이번 H 약품 주가 폭락 사건으로 공매도의 해악이 얼마나 큰지 실감했고 폐지 필요성도 뼈저리게 느꼈다.

2016.10.6.

자칭 주식 전문가들은 기업의 가치는 등한시한 채 주가가 자신이 매수한 가격보다 일정 비율 하락하면 무조건 손절매를 해야 한다고 말한다. 그런데 그것이 과연 올바른 행위일까? 주식을 매도하면 수수료와 세금이 발생한다는 사실을 차치하더라도 말이다. 주가는 대세 상승을 하면서도 끊임없이 상승과 하락을 반복한다. 주가를 예측할 수 없듯이 고점과 저점을 예측하는 것도 불가능하다는 것을 명심해야 한다. 그러므로 주식 전문가라는 사람들의 예측도 신뢰하면 안 된다. 손절매를 잘해서 큰 수익을 올렸다고 주장하는 사람들은 모두 단타꾼들이다. 손절매를 잘하는 사람은 이른바 익절매도 잘한다. 그것들은 동전의 양면과 같기 때문이다. 손절은 그렇다 치더라도 익절은 큰 수익을 얻을 기회를 스스로 포기하는 행동이다. 손절매를 잘하는 기술을 터득하려고 노력하지 말고 기업의 가치를 볼 줄 아는 혜안을 기르는 것이 성공의 열쇠라고 나는 생각한다.

2016.10.10.

인간은 태생적으로 보수적이다. 포트폴리오를 짜서 분산 투자를 하는 것은 최악의 사태를 막기 위함이다. 상장 폐지나 법정 관리 같은 최악의 상황을 피하려는 것이다. 그러나 정말 최악인 것은 그런 두려움 때문에 주식 투자를 하지 않는 행위이다. 상장 폐지나 법정 관리의 위험이 높은 기업을 가려낼 줄 아는 안목이 없다는 것은 그 사람에게 비극이다. 그런 사람은 자기 자신도 못 믿는 사람들이다. 일생 동안 남한테 속고 살아와서 아무도 믿지 못한다는 이런 유형의 사람이 세상에서 가장 불행한 사람이라는 생각이 든다. 현금을 은행에만 넣어 두면 정말로 안전할까? 물가는 매년 상

승하고 있다. 물가가 상승하는 만큼 현금 가치는 떨어지게 마련이
다. 화폐가치는 영원불변이라고 생각하고서 화폐 보유가 아주 안전
한 투자 방법이라는 환상에 빠져 살지 말아야 한다.

 **2016.10.11.**

한국 증시에 먹구름이 드리웠다. 연이은 악재로 업종에 상관없
이 주가가 죽을 쑤고 있다. 악재는 주로 S 전자와 H 약품과 관련
된 것들이다. 처음에는 몰랐지만 이 악재들이 생각보다 심각하다.
이 두 사태로 많은 개인 투자자들이 손실을 입었다. 주식 투자를
하는 개인들은 정말로 이번 사태의 원인을 잘 파악해서 이런 기업
에 투자하지 않도록 조심 또 조심해야 한다. 잘못하면 전 재산을
한 방에 날릴 수 있다. 기업 내부 정보를 이용하여 주식 거래를 하
는 것은 불법이지만 여전히 자행되고 있다. 개인들은 내부 정보에
접근할 길이 없으며 공시된 정보만 알 수 있다. 그런데 기업들은 장
난질을 한다. 정보를 실시간으로 공개하지 않으며 호재가 될 만한
정보를 악재가 될 만한 것보다 살짝 먼저 공시하는 것이다. 이런
일이 이번 두 기업의 사태에서 공통적으로 일어났다. 개인들은 그
저 앉아서 당할 수밖에 없었다. 그런데도 수수방관하는 금융 당국
은 도대체 뭐 하는 곳인지 궁금하다.

개인들은 기업 가치와 별로 상관없는 정보를 믿고서 덥석 해당

주식을 사는 것을 경계해야 한다. 좋은 정보 뒤에 안 좋은 정보가 숨어 있는 경우가 많기 때문이다. 그리고 기업 가치가 훼손되면 그 어떤 호재도 빛을 잃는다는 것을 하루빨리 깨달아야 한다.

2016.10.12.

셀트리온 종목의 최고 가격은 2월 11일 장중에 기록한 129,000원이다. 당시 램시마의 미국 FDA 승인을 앞두고 기대감으로 약 40일간 급상승하였다. 일반적으로 기대감이란 건 확실한 근거가 없는 뜬구름 잡기와 같다. 하지만 셀트리온에 대한 기대감은 두 달 후인 4월 초에 구체적인 결과물을 낳았다. 주가가 정상적인 흐름을 보였다면 지금은 주가가 더 올라 있어야 한다. 129,000원은 반드시 탈환해야 할 주가이자 넘어서야 할 주가라고 생각한다. 현재 주가는 그것보다 한참 아래에 있지만, 그때보다 기업의 가치는 오히려 증가했기 때문이다.

적어도 당시 주가 129,000원이 공매도 세력에 의한 인위적인 상승이었다 할지라도 지금쯤에는 그 가격에 도달해 있는 것이 타당하다고 생각한다. 내 생각에 동의하지 않는 사람도 많겠지만 말이다. 어떤 사람들은 이 주가를 난공불락의 가격이라고 생각할지도 모른다. 셀트리온의 가치가 그때보다 낮고 갈수록 떨어진다면 그 말이 일리가 있겠지만 전혀 그렇지 않다.

일반적으로 모든 일에 대해서 결과보다는 과정을 중시하라고 한다. 그러나 주가 자체는 과정을 논한다는 것이 의미가 없다. 다른 것들은 보통 단계적으로 성장하고 차츰차츰 증가하는 데 반해 주가는 예측 불허이기 때문이다. 기업 가치는 단계적으로 성장하는 것이 당연하지만 주가는 그것을 비웃기라도 하듯이 제멋대로 상승과 하락을 반복한다. 독자적으로 주가에 영향을 미칠 수 있는 세력들이 존재하기 때문이다. 어제 주가는 오늘 주가에 아무런 영향을 미치지 못하므로 주가 예측은 멍청한 짓이다. 다음 날 새롭게 장이 열리면 전날 무슨 일이 있었냐는 듯이 완전히 새롭게 하루를 시작한다. 주식 시장은 이미 지나간 일은 쉽게 망각하는 특징이 있다.

기업의 임직원들이 열심히 일해서 기업 가치를 높이는 것은 할 수 있지만 자신들의 힘으로 기업의 주가를 끌어올리지는 못한다. 기업 가치가 시장에서 제대로 평가받아야만 비로소 주가도 상승하게 된다. 실력 있는 야구 선수가 무슨 이유에서인지 팬들에게 인기가 없는 경우가 있다. 야구 선수도 스스로 자신의 인기를 높일 수는 없다. 기업의 주가는 야구 선수의 인기에 비유할 수 있다.

 2016.10.13.

모름지기 투자자들은 본업을 충실히 수행하는 회사에 투자해야

한다. 그리고 투자한 후에도 그 기업이 본업에 집중하는지 잘 감시해야 한다. 물론 각 기업들은 전면에 내세운 사업 목적이 있지만 그것은 구실일 뿐이다. 결국 모든 기업의 존재 이유는 영리 추구이고 그것이 기업의 본업이다. 기업은 사업 활동을 열심히 수행하여 이윤을 창출하여야만 하며, 그러지 못하는 기업은 해체되는 것이 맞는다. 사업 활동을 하는 것 자체가 기업의 존재 이유는 아니며 또 기업은 자선 단체가 아니기 때문이다. 심지어 어느 경영자는 이익을 내지 못하는 경영자는 범죄자라고까지 말했다. 이 말은 기업 활동의 본질을 꿰뚫은 말이라고 생각한다. 결국 기업은 주주들을 위해 존재하는 단체이고, 주주들이 원하는 것은 기업 가치의 증가에 따른 주가의 상승이다. 나는 자본주의 체제를 철저히 옹호하는 사람은 아니다. 나도 자본주의 체제를 좋아하진 않지만 자본주의 체제에서 살아가기 때문에 어쩔 수 없이 이에 순응할 뿐이다.

2016.10.14.

주식 투자는 마음의 사업이라고 한다. 이 말은 마음을 잘 다스려야 성공할 수 있다는 말이다. 다시 말해서 감정 조절을 잘해야 한다는 얘기이다. 주가가 올랐다고 흥분해서도 안 되지만 주가가 떨어졌다고 실망해서도 안 된다. 주식은 흥분하거나 실망한 상태에서 매매하면 절대로 안 된다. 사고 싶어 미치겠을 때와 팔고 싶어 미치겠을 때는 주식을 매매하면 안 된다는 말까지 있을 정도이다. 주식은 흥분과 실망 등 순간적인 감정이 가라앉았을 때 차분히 한 번 더 생각한 후에 사거나 팔아야 한다.

2016.10.17.

모든 사람들이 장기 투자만 한다면 주가 변동이 크지 않을 것이다. 단기간에 크게 먹으려는 개인들과 이들을 이용하려는 세력들이 존재하기 때문에 주가 등락이 일어난다. 개인들은 주가가 떨어지면 주식을 던지고 주가가 오르면 다시 매수한다. 물고기는 기억력이 나빠서 미끼만 보면 본능적으로 달려든다고 한다. 주식 시장에서 이런 행태를 반복하는 개인들은 물고기를 비난할 자격이 없는 사람들이다. 세력들은 끊임없이 개인들을 낚으려고 노력하고 있다. 자신들이 세력들의 먹잇감인 줄 깨닫지 못하면 개인들은 영원히 세력들에게 당할 수밖에 없다.

주식 시장에는 적군과 아군의 구별이 없다. 나 자신 외에는 전부 적군이다. 기관 투자가든 외국계 투자사든 거대 자금을 굴리는 곳은 모두 세력이라고 보면 된다. 그들은 주가를 최대한 들었다 놨다 한다. 그 변동성을 크게 할수록 돈을 많이 번다고 보면 된다. 공매도가 과열된 주가를 진정하는 순기능이 있다고 하는 사람들이 있는데 주가 과열을 누가 부추긴 것인지 먼저 생각해 봐야 한다.

주식 시장의 현 상황에 대해 생각해 보았다. 주식회사는 위험 분산을 위해서 만들어진 최적의 회사 형태이다. 주식을 발행하는 기업들은 최초 투자자한테 투자 금액을 돌려줄 의무가 없다. 현대 자본주의 체제는 그들에게 투자금 상환의 책임을 면제해 주었기 때문이다. 그 대신 투자자들은 거래소에서 자신이 산 주식을 다른 사람에게 팖으로써 투자금을 회수할 수 있다. 주식 거래소는 철저히 주식회사들을 위해 존재하는 것이다. 문제는 이 거래를 통해 위험까지 타인에게 떠넘길 수 있다는 것이다. 매도자는 매수자에게 해당 기업에 대한 충분한 설명 없이 주식을 매도할 수 있다. 당연히 위험까지 떠넘기는 일이 가능하다. 매도자는 매도 후 해당 기업에 어떤 좋지 않은 일이 일어나 주가가 폭락하더라도 아무런 책임이 없다. 설사 매도자가 그 사실을 알았다 할지라도 매수자에게 고지할 의무가 없다. 이런 거래 행태가 바람직한 것인지 생각도 해 봐야 하지만 불법이라 하더라도 사후에 그것을 조사하는 일은 대단히 어려운 것이 현실이다.

주식 투자를 하면서 좀체 수용하기 어려운 위험은 이처럼 사기를 당할 위험이다. 사업 실패야 어쩔 수 없지만 사기는 명백한 처벌의 대상이다. 원래 투자라는 것은 항상 위험을 수반하며, 따라서 투자자는 그 위험을 충분히 인지한 상태에서 투자 여부를 결정해야 한다. 이 위험이라는 것에는 엄연히 사기의 위험도 포함된다. 그러나 투자자가 투자를 결정했다고 해서 사기당할 위험까지 수용한 것이라고 보기는 어렵다. 그런데 최초 투자자는 투자 설명회 등을 통해 충분히 투자의 위험에 대해 인지할 기회가 있지만, 주식 시장에서 주식을 매수하는 사람들은 그럴 기회가 적은 편이다. 대부분의 사람들은 별생각 없이 주식 거래를 한다. 설사 위험이 발생하더라도 다른 사람에게 그것을 떠넘기면 된다고 생각하며 위험을 대수롭지 않게 생각하는 경향이 있다. 이것은 주식 거래가 폭탄 돌리기가 될 위험이 있다는 의미이다. 이처럼 주식 시장에서는 투자자들끼리 서로 속고 속이는 일이 다반사로 일어난다. 다만 명확히 눈에 보이지 않을 뿐이다.

드디어 회사에서 공시를 하였다. 셀트리온의 맏형 상품인 램시마가 다음 달부터 미국에서 정식으로 판매가 시작된다고 회사가 밝혔다. 그래서 시작부터 아주 좋았고 깔끔하게 장이 마감되었다. 오늘 주가가 상승다운 상승을 하는 날은 정말 며칠 안 된다는 것을 새삼 실감했다.

2016.10.19.

지난 10년 새 시가 총액이 가장 많이 증가한 기업은 셀트리온이라고 한다. 2006년에는 174억 원에 불과했지만, 오늘 종가 기준 12조 4,867억 원을 기록 중이다. 공매도 세력들의 공세 속에서 이룬

성과라 더욱 놀랍다. 이 정도면 가히 셀트리온 신화라고 불러도 손색없다고 생각한다. 맨주먹으로 시작해서 지금의 세계적 기업으로 성장시킨 서정진 회장에게 무한한 경의를 표한다. 그는 어떻게 자신의 전공이나 경력과 무관한 일을 시작할 생각을 했을까? 어떻게 그토록 많은 시련을 견뎌 냈을까? 그가 은퇴하기 전까지 이루고자 하는 목표는 어떤 것들일까? 이런 점들이 여전히 나에게는 의문이다. 어쨌든 그는 한국 제약업 역사에 한 획을 그은 인물로 기록될 것이다.

2016.10.24.

여전히 주식 투자를 안 좋게 보는 사람들이 많다. 주식 투자로 얻은 소득은 불로소득이라는 이유로 말이다. 그리고 도박이나 다름없다는 이유도 들고 있다. 주식 거래 전체를 놓고 보면 제로섬 게임인데, 이런 점을 볼 때 주식 거래는 도박과 상당히 유사하다. 주식 거래의 본질은 돈 놓고 돈 먹기가 맞는다. 남이야 어떻게 보든 간에 자신만 도박이나 투기가 아닌 투자를 하면 된다. 카지노 같은 도박장에서는 투자자를 찾아볼 수 없지만 주식 시장에는 건전한 투자자들이 분명 존재한다. 주식 시장에 투기꾼들이 대부분이어서 주식 시장에 참여하는 모든 사람들이 투기꾼으로 보일지도 모르지만 자신의 양심만 속이지 않으면 된다고 생각한다.

자본주의 사회에서는 노동보다 자본이 더 중요하다. 자본을 잘 활용할 줄 아는 사람이 성공할 수밖에 없는 구조이다. 또 자본주의 사회에는 반드시 주식 시장이 필요하다. 고용을 창출하는 기업 활동을 지원하기 위해서이다. 그리고 내가 주식 투자를 하지 않아도 누군가는 주식 투자를 할 것이고 수익을 얻을 것이다. 건전하게만 투자한다면 주식 투자는 절대로 비난받을 일이 아니다.

주식 투자와 부동산 분양권 전매 제도를 비교해 보자. 분양권 전매는 절대로 투자가 아니라 투기일 뿐이다. 분양권 전매는 국가 경제에 기여하는 바가 전혀 없으며 부동산 투기를 더욱 부채질하는 제도이다. 그리고 오로지 자신의 잇속만을 챙기는 전형적인 기회주의자의 행동이므로 비난받아 마땅하다. 분양권 전매는 암표를 파는 행위와 다를 것이 없다. 이 둘은 국가 경제를 좀먹는다는 점에서 본질적으로 동일하다. 반면 좋은 기업에 건전하게 투자하는 행위는 국가 경제에 기여하는 바가 매우 크다.

 **2016.10.26.**

자본주의 사회를 살아가는 사람들에게 주식은 가장 효과적인 투자 수단이라고 나는 확신한다. 장기 투자를 하려면 우선 좋은 종목을 골라야 한다. 좋은 종목을 고르려면 건전한 사고를 해야 하고 선악을 구별하는 혜안이 있어야 한다. 물론 모든 사람들이 이

런 능력을 갖춘 것은 아니다. 분명한 것은 이런 능력은 탐욕과는 상극이라는 것이다. 탐욕스러운 사람에게는 절대로 이런 능력이 없다. 불행하게도 주식 시장에는 좋은 종목만 있는 것이 아니다. 인간의 탐욕을 자극하는 종목과 각종 정보들이 난무한다. 그렇기에 좋은 종목을 고를 자신이 없으면 직접 투자를 해서는 안 된다.

가난은 나라님도 어찌할 수 없다는 말이 있다. 주식 시장에서는 탐욕은 나라님도 어찌할 수 없다는 말이 적용될 만하다. 정부에서는 구태여 탐욕스러운 사람들을 보호하기 위하여 그들이 주식 시장에 진입하는 것을 막지 않기 때문이다. 심지어 정부에서도 주식 매매가 활발하게 일어나는 것을 투자 활성화로 간주하고 있는 것이 실정이다. 정부에서도 투기와 투자를 구별하지 못하고 있는 것이다. 투자 활성화라는 것은 결국 증권회사를 먹여 살리는 일일 뿐이라는 것을 기억해야 한다. 당연한 말이지만 주식 시장이 증권회사를 위해서 존재하는 것은 아니다. 단기 투자를 하는 개인과 기관들이 시장에서 사라질 때 비로소 자본주의 경제 체제가 더욱 굳건해질 것이라 나는 확신한다.

증권회사를 비롯해 주식 거래소, 그리고 주식 시장을 주무르는 큰손들이 모두 하나같이 정부에 그들의 요구 사항이 받아들여지도록 로비를 하고 있다. 이런 현실을 감안할 때 주식 시장은 개인 투자자들을 위한 곳이 절대 아니다. 개인들은 투자를 시작하기 전에 이 사실부터 인지하여야 한다. 자신을 지킬 수 있는 사람은 자신밖에 없는 것이다. 그러기 위해서는 탐욕을 버려야 한다. 주식 시장은 카지노와 다르다. 카지노에는 들어가는 순간 손실이 확정되지만 주식 시장은 그렇지 않다. 올바른 투자 철학을 정립한 사람이라면 주식 시장에서 손해를 보지 않는다.

 2016.10.28.

건전한 사고를 하는 사람이라면 누구나 주식 투자로 수익을 낼 수 있다는 점에서 주식은 돈이 많지 않은 평범한 사람에게 추천할 만한 투자 수단이다. 부동산 투자는 돈이 많이 들뿐더러 건전한 투자라고 보기도 어렵다. 또 부동산 투자는 정부 정책에 기대어 수익을 실현하는 재산 증식 수단이다. 이는 주식 시장의 테마주 투자와 비슷하다. 그리고 채권이나 국제 원자재, 금리, 국제 환율 등이 복잡하게 얽힌 파생 상품 등은 건전한 사고를 하는 사람이 수익을 내게 돼 있는 재산 증식 수단이 아니다. 투자와 투기의 차이점은 무엇일까? 투기란 돈만 벌면 된다는 사람들이 하는 행위이고, 투자란 돈도 벌고 좋은 일도 하려는 사람들이 하는 행위이다. 엄밀히 말해 모든 부동산 투자는 투자가 아닌 것이다.

2016.10.31.

　일반적으로 개인들이 기관 투자가(펀드 매니저)보다 유리한 위치에 있는 것은 사실이다. 그런데도 항상 개인들이 펀드 매니저 등 전업 투자자에게 지는 것은 무엇 때문일까? 바로 짧은 기간 안에 큰돈을 벌고 싶은 욕심 때문에 그들에게 지는 것이다. 평상시에는 돈 욕심이 없는 것처럼 보이던 사람도 주식판에만 들어오면 탐욕스러운 육식 동물로 변한다. 어찌 보면 순진함과 탐욕스러움은 종이 한 장 차이인 것 같다. 순진한 사람들이 사기를 잘 당한다는 것은 사실이기 때문이다. 평상시에 착하게만 보이던 사람도 운전대 앞에만 앉으면 난폭해지는 것과 흡사하다고나 할까. 이런 것을 볼 때 인간은 참으로 알 수 없는 동물이다.

　기관 투자가 등 세력들이 공매도 등 부정행위를 하는 이유는 무엇일까? 진정 그들에게 돈을 맡긴 고객을 위한다는 생각이 있다면 그런 행위를 하지는 않을 거라 생각한다. 세력들은 오로지 돈만을 추구하는 머니 게이머이다. 그들은 로마 시대의 검투사와 같다. 세력들은 머니 게임에서 지면 도태된다. 현대 금융 시장은 이기는 자만이 살아남는 승자독식 구조이다. 따라서 그들에게는 과정은 전혀 중요치 않고 결과만이 중요하다. 그래서 공매도 같은 부정한 방법도 서슴없이 사용하는 것이다. 정부에서는 지속 가능한 자본 시장 육성을 위해서 공매도 같은 부정한 방법을 사용하는 것을 금지해야 할 것이다. 내가 바라는 것은 그것뿐이다.

오늘로써 주식 투자를 시작한 지 1년이 되었다. 이제 주식 투자 일기를 쓰는 일을 마치려고 한다. 그러나 셀트리온에 대한 투자는 계속될 것이다. 아무쪼록 주가가 꾸준히 올랐으면 좋겠다. 셀트리온 주가 상승이 떠나가는 가을의 아쉬움을 달래 주었다.

마무리하며

내가 주식 투자와 관련하여 좋아하는 말은 '비록 시작은 미미하나 그 끝은 창대하리라'이다. 나는 수학의 지수법칙과 이 말이 딱 들어맞는다고 생각한다. 독자들은 어떤 젊은이가 부자에게 한 달 동안 쌀알을 매일 2배씩 늘려서 자신에게 달라고 했던 이야기를 기억하는지 모르겠다. 결국 부자는 그 부탁을 들어주지 못했다는 것이 이 이야기의 포인트이다. 좋은 주식의 주가는 지수법칙을 따라 증가한다. 지수법칙의 특징은 처음에는 변화가 거의 없다는 점이다. 이 기간은 길 수도 있고 대단히 길 수도 있다. 이 기간이 짧은 경우는 없다고 생각하는 것이 속 편하다. 변화가 거의 없는 이 기간을 견디지 못하는 사람은 큰 수익을 얻지 못한다. 그래서 건전한 주식 투자는 어린나무를 심는 행위에 비유할 수 있다.

주식을 팝콘 기계로 생각하는 사람들이 많다. 잘 고른 주식이 투자금을 단기간에 몇 배로 불려 준다고 생각하는 것이다. 물론 주식 시장에는 이런 주식도 존재하지만 이는 내가 말하는 좋은 주식은 아니다. 하지만 주식 시장에는 팝콘 기계보다 썩은 동아줄이 훨씬 많다는 것을 알아야 한다. 팝콘 기계를 고를 확률과 썩은 동아줄을 고를 확률 중 어떤 게 클지 스스로 잘 생각해 보길 바란다. 카지노에 가서 항상 돈을 따는 사람이라면 자신의 운을 믿고서 거기에 재산을 올인하는 것도 그리 나쁘지 않다. 도박을 좋아하는 사람의 마음속에는 항상 탐욕이 자리 잡고 있다. 도박사 중에 부자가 있다는 얘기는 많이 들어 봤지만 도박을 통해 부자가 된 사람이 있다는 얘기를 나는 들어 보지 못했다. 원래 주식과 도박은 관련이 없었다. 최근에는 그것이 변질됐지만 말이다. 주식 투자를 하려는 사람은 탐욕부터 버려야 한다. 탐욕만 버려도 절반은 성공한 것이라고 나는 단언한다.

돈을 벌려면 돈의 길목을 지키라고 한다. 건전한 주식 투자는 바로 돈의 길목을 지키는 것과 같다. 반면 주식 투기는 존재하지도 않는 파랑새나 무지개를 쫓는 것과 비슷한 허망한 일이다. 성공적인 투자를 위해서는 좋은 종목을 고르는 일이 절대 중요하다. 다시 말해 황금알을 반드시 낳을 종목을 골라야 한다. 잘 읽어야 한다. 황금알을 '낳고 있는'이 아니라 '낳을'이다. 황금알을 낳고 있는 종목은 이미 주가가 오를 대로 오른 상태이기 때문이다. 어떤 기업이 장차 황금알을 낳을지는 불확실하다. 인간은 확실한 것을 좋아한다. 그러나 확실한 것에는 돈을 벌 기회가 없고 항상 불확실한 것에 돈을 벌 기회가 있다. 돈을 벌려는 사람은 이런 인간의 심리를 역이용해야만 한다. 주식 시장에는 황금알을 낳을 종목이라고 일컬어지는 종목이 차고 넘친다. 그러나 가짜가 많으므로 잘 봐야 한다.

인생에서 성공하기 위해서는 아무도 하지 않는 일을 제일 먼저 시도하는 용기가 필요하다고 생각한다. 서 회장에게는 그런 용기가 있었다. 흔히 사람들은 많은 사람들이 가는 길을 가야 기회가 많고 성공 가능성이 높아진다고 생각한다. 그런데 사람들이 간과하는 것이 있다. 세상을 지배하는 법칙 중에 20 대 80의 법칙이라는 게 있다. 한마디로 같은 분야의 사람들 중 20%만 성공한다는 의미이다. 나머지 80%는 사실상 실패자인 것이다. 현대 사회에서 중간만 가도 된다고 얘기하는 것은 더 이상 의미가 없다.

나는 수십 년간 주식 투자를 전혀 하지 않다가 갑자기 주식 시장에 뛰어들었다. 그것이 용기였는지 만용이었는지 판단은 잘 서지 않는다. 어쨌든 신중히 주식에 대해 연구하고서 주식 투자를 시작하는 것이 현명한 방법이다. 그러나 신중하다고 해서 손실을 전혀 보지 않는 것은 아니다. 인생을 살면서 너무 신중하게 행동하다가는 아무것도 시도하지 못한 채 노년을 맞이할 수도 있다. 인생을 앞서 산 사람들은 한결같이 실패를 전혀 경험하지 않는 것보다는 실패를 통해 무언가를 배우는 것이 더 나은 인생을 가져온다고 했다. 따라서 용기가 신중함보다 인간에게 더 필요한 덕목이 아닌가 생각한다.

이 책의 본문 원고를 2016년 10월에 완성하고 약 10개월이 지났다. 아직까지도 2016년 2월에 기록한 셀트리온의 최고 주가 129,000원은 깨지지 않았다. 모든 기록은 깨지기 위해 존재한다는 유명한 말이 있다. 단언컨대 이 기록은 깨질 것이다. 나를 비롯한 많은 주주들은 셀트리온과 셀트리온 임직원을 여전히 신뢰하고 있다. 그래서 나는 셀트리온 주가에 대해 낙관적이다. 특히 셀트리온이 작년에 선포한 향후 10년 내 매출 10조 원을 달성한다는 목표에 주목하고 있다. 서 회장을 비롯한 경영진이 지금처럼만 사업을 한다면 반드시 그 목표는 달성될 것이다. 내 예상이지만 그 목표가 달성된다면 시가 총액이 지금보다 5배가량은 될 것이다. 그 목표가 달성될 때까지 나는 주식을 보유할 생각이다.